**Die Bedeutung der Europäischen Gemeinschaften
für das deutsche Recht und die deutsche Gerichtsbarkeit**

Schriften zum Öffentlichen Recht

Band 569

Die Bedeutung der Europäischen Gemeinschaften für das deutsche Recht und die deutsche Gerichtsbarkeit

Seminar zum 75. Geburtstag von
Karl August Bettermann

Mit Beiträgen von

Michael Kloepfer, Detlef Merten,
Hans-Jürgen Papier und Wassilios Skouris

Duncker & Humblot · Berlin

CIP-Titelaufnahme der Deutschen Bibliothek

Die Bedeutung der Europäischen Gemeinschaften für das deutsche Recht und die deutsche Gerichtsbarkeit / Seminar zum 75. Geburtstag von Karl August Bettermann. Mit Beitr. von Michael Kloepfer ... – Berlin: Duncker u. Humblot, 1989
  (Schriften zum Öffentlichen Recht; Bd. 569)
  ISBN 3-428-06739-8
NE: Kloepfer, Michael [Mitverf.]; Seminar zum Fünfundsiebzigsten
  Geburtstag von Karl August Bettermann <1988, Braunschweig>; GT

Alle Rechte vorbehalten
© 1989 Duncker & Humblot GmbH, Berlin 41
Satz: Klaus-Dieter Voigt, Berlin 61
Druck: Berliner Buchdruckerei Union GmbH, Berlin 61
Printed in Germany
ISSN 0582-0200
ISBN 3-428-06739-8

Vorwort

Wie schon zum siebzigsten, so fand sich auch anläßlich des fünfundsiebzigsten Geburtstags von Professor Dr. Dr. h.c. Karl August Bettermann, den er am 4. August 1988 begangen hatte, sein „Berliner Seminar" zusammen. Hervorgegangen aus den vom Jubilar an der Freien Universität Berlin, später an der Universität Hamburg veranstalteten und die Teilnehmer prägenden Seminaren, ist dieser Kreis ehemaliger Assistenten und engster Schüler mit seinem Lehrer, Mentor und Vorbild wissenschaftlich und persönlich verbunden geblieben. Dankbarkeit, Anhänglichkeit und Verehrung finden ihren Ausdruck auch in den fast regelmäßig veranstalteten wissenschaftlichen Zusammenkünften an wechselnden Orten Deutschlands.

Das Geburtstagsseminar tagte unter dem Thema „Die Bedeutung der Europäischen Gemeinschaften für das deutsche Recht und die deutsche Gerichtsbarkeit" in der Zeit vom 16. bis 18. September 1988 in Braunschweig. Die zu Ehren des Jubilars gehaltenen, von ihm mit gewohnter geistiger Schärfe und gedanklicher Prägnanz kommentierten Referate werden in einer teilweise für den Druck geringfügig überarbeiteten Fassung veröffentlicht.

Dem Geschäftsführer des Verlags Duncker & Humblot GmbH, Herrn Rechtsanwalt Norbert Simon, danken wir für die Aufnahme des kleinen Bandes in das Verlagsprogramm, das schon die unter dem Titel „Das parlamentarische Regierungssystem der Bundesrepublik Deutschland auf dem Prüfstand" gehaltenen Referate zum siebzigsten Geburtstag Professor Bettermanns als Band 474 der „Schriften zum Öffentlichen Recht" enthält.

Trier, St. Martin, Bielefeld, Thessaloniki,
im August 1989

          Michael Kloepfer   Detlef Merten

       Hans-Jürgen Papier   Wassilios Skouris

Inhaltsverzeichnis

Michael Kloepfer:

EG-Recht und Verfassungsrecht in der Rechtsprechung des Bundesverfassungsgerichts 11

I. Einleitung 11
   1. Der „Solange II"-Beschluß 12
   2. Der Beschluß zur Verbindlichkeit der EG-Richtlinien 13

II. „Solange" – „Vielleicht" – „Mittlerweile" –. Das Bundesverfassungsgericht auf dem Weg in die europäische Integration 16
   1. Die Phase der Zurückhaltung 16
      a) Die Qualifizierung der Akte von Gemeinschaftsorganen 16
      b) Der „Solange I"-Beschluß 17
   2. Die Phase der Annäherung 20

III. Folgen der neuen Entscheidungen 21
   1. „Solange II" und die Grundrechtsrechtsprechung des EuGH 22
   2. Die Vorlagen an den EuGH 25

IV. Fazit 28

Detlef Merten:

Die Beteiligung der Bundesländer an der Setzung europäischen Gemeinschaftsrechts 31

I. Der Föderalismus (Regionalismus) in der EG 31
   1. Die Gründungssituation 31
   2. Europäischer Kompetenzzuwachs und regionaler Kompetenzverlust .. 33
   3. Zur Beteiligung der Regionen 36

II. Europäische Integration und Föderalismus nach deutschem Verfassungsrecht 38

        1. „Integrationshebel" und „Föderalismusanker" 38
        2. Kompetenzausweitung des Bundesrates wegen Kompetenzschwäche der Länder? 39
        3. Das Erforderlichkeitsprinzip als Schranke für Kompetenztransfer ... 40
   III. Kompensation durch Beteiligung an innerstaatlicher Willensbildung ... 43
        1. Kompensation als Rechtsanspruch oder politisches Zugeständnis? ... 43
        2. Bundesratsmodell statt Länderbeteiligungsverfahrens 43
            a) Das Länderbeteiligungsverfahren 44
            b) Das Bundesratsmodell 44
        3. Zur Problematik der EG-Kammer 47
        4. Probleme einer Beteiligung der Landesparlamente 49

Hans-Jürgen Papier:

Die Einwirkungen des europäischen Gemeinschaftsrechts auf das nationale Verwaltungs- und Verfahrensrecht 51

Einleitung 51
   I. Der Vollzug von Gemeinschaftsrecht 51
        1. Gemeinschaftseigener Vollzug 52
        2. Mitgliedstaatlicher Vollzug 52
        3. Bundes- oder Landesvollzug 59
   II. Das Beihilfeaufsichtsrecht der EG 61
        1. Zur unmittelbaren Geltungskraft 61
        2. Rechtsschutzfragen 62
   III. Rücknahme und Rückforderung 63
        1. Zur nationalen Rechtslage 63
        2. Einwirkungen des EG-Beihilfeaufsichtsrechts 64

Wassilios Skouris:

Der Europäische Gerichtshof als Verfassungsgericht 67

   I. Einleitung 67
        1. Die Fragestellung 67

Inhaltsverzeichnis

2. Verfassungsgerichte in den Mitgliedsländern der Europäischen Gemeinschaft 67
3. Der besondere Beitrag der Doktrin des Europäischen Gemeinschaftsrechts 68

II. Die verfassungsrechtlichen Zuständigkeiten des EuGH und der Verfassungscharakter der Gründungsverträge 69
   4. Die zwei Aspekte des Themas 69
   5. Einteilung der Zuständigkeiten des EuGH 70
   6. Das Gericht erster Instanz 71
   7. Die Gründungsverträge als Verfassungen 71

III. Merkmale der Verfassungsgerichtsbarkeit 73
   8. Definition durch die Staatsrechtslehre 73
   9. Die funktionelle Seite der Verfassungsgerichtsbarkeit 73
   10. Hauptgruppen verfassungsrechtlicher Streitigkeiten 75
   11. Die Tätigkeit des EuGH als Verfassungsgerichtsbarkeit 75
   12. Prozesse mit Organstreitcharakter vor dem EuGH 76

IV. (13) Die Beurteilung der Richter des EuGH 77

V. Der praktische Ertrag 78
   14. Kritischer Blick auf die Institution und die Funktion des EuGH 78
   15. Schlußbemerkung: Richterwahl und Sondervotum beim EuGH 80

EG-Recht und Verfassungsrecht in der Rechtsprechung des Bundesverfassungsgerichts*

Von Michael Kloepfer

I. Einleitung

Das Jahr 1992 – spätestens: Silvester 1992 – und mit ihm die Schaffung des europäischen Binnenmarktes, der als Meilenstein auf dem Wege zur europäischen Integration angesehen wird, rückt in greifbare Nähe. Schon heute werden wichtige politische und gesetzgeberische Entscheidungen, insbesondere auf dem Gebiet des Wirtschafts- und Steuerrechts auch im Blick oder gar in Vorbereitung auf 1992 getroffen.

Vor diesem Hintergrund sind die im folgenden vorrangig zu behandelnden neuen Entscheidungen des *BVerfG* zum Verhältnis zwischen dem supranationalen EG-Recht und dem nationalen Verfassungsrecht weitgehend begrüßt worden. Zu nennen ist hier vor allem einerseits die als „Solange II"- oder auch „Mittlerweile"-Beschluß[1] bekannt gewordene Entscheidung des Zweiten Senates vom 22. 10. 1986[2], die in einem Beschluß der 1. Kammer des Zweiten Senates vom 10. 4. 1987[3] eine Folgeentscheidung hinsichtlich der Prüfungskompetenz deutscher Behörden bei der Erteilung der Vollstreckungsklausel gem. Art. 192 Abs. 2 Satz 2 EWGV für Urteile des *EuGH* erfahren hat. Zum anderen ist auf den – die Rechtsprechung des *BFH* korrigierenden – Beschluß des Zweiten Senates vom 8. 4. 1987[4] zur Bindungswirkung von Vorabentschei-

---

* Das in JZ 1988, 1089 ff. abgedruckte Referat wird mit freundlicher Genehmigung des Verlags J. C. B. Mohr (Paul Siebeck) veröffentlicht.

[1] *H. P. Ipsen,* EuR 1987, 1.

[2] BvR 197/83 – *BVerfGE* 73, 339 = JZ 1987, 236 mit Anm. *Rupp* = NJW 1987, 577 = EuGRZ 1987, 10.

[3] 2 BvR 1236/86 – EuGRZ 1987, 386 = NJW 1987, 3077 – nicht zur Veröffentlichung in der amtlichen Sammlung vorgesehen.

[4] 2 BvR 687/85 = JZ 1988, 191 mit abl. Bespr. von *Rupp,* JZ 1988, 194 = NJW 1988, 1459 = EuGRZ 1988, 113 = EuR 1987, 333.

dungen des *EuGH* hinzuweisen. Hier stellt das *BVerfG* zunächst nochmals ausdrücklich fest, daß der Gerichtshof der Europäischen Gemeinschaften gesetzlicher Richter i.S.d. Art. 101 Abs. 1 Satz 2 GG sein soll und erkennt gleichzeitig dessen Rechtsprechung zur (an verschiedene Voraussetzungen gebundenen) unmittelbaren Verbindlichkeit von EG-Richtlinien im Falle nicht-fristgerechter Umsetzung durch die Mitgliedstaaten als verbindlich an. Im Anschluß an diese Entscheidung sind am 4. und 9. 11. 1987 insgesamt drei Beschlüsse der 1. Kammer des Zweiten Senates ergangen, welche die Kriterien für die Verpflichtung zur Vorlage an den *EuGH* präzisieren[5]. Bevor der Weg des *BVerfG* zu diesen Beschlüssen nachgezeichnet wird (dazu unter II.) und danach einige Konsequenzen dieser Entscheidungen beleuchtet werden sollen (dazu unter III.), erscheint es nützlich, zunächst (unter 1. und 2.) die aktuellen Beschlüsse darzustellen. Dabei liegt es in der primär ökonomischen Natur der Europäischen Gemeinschaften, daß sich die große Frage nach dem Verhältnis von Europäischer Integration und deutschem Verfassungsrecht an so profanen Dingen wie Maisgries („Solange I"), Zitronensaftkonzentrat („Vielleicht") und Dosenchampignons („Solange II") entzündete.

1. Der „Solange II"-Beschluß

In dem Verfahren, das zum Erlaß der „Solange II"-Entscheidung führte, hatte ein Importeur von Champignonkonserven vor dem Verwaltungsgericht gegen die Verweigerung einer Einfuhrgenehmigung für Konserven aus Taiwan aufgrund einer gemeinschaftsrechtlichen Regelung geklagt. Nach dieser von der Kommission im Verordnungswege erlassenen Regelung konnten Importe wegen ernster wirtschaftlicher Störungen für bestimmte Zeiträume beschränkt werden. Zur Klärung der Vereinbarkeit dieser Regelung mit dem Gemeinschaftsrecht hatte das *BVerwG* das Verfahren ausgesetzt und dem *EuGH* gem. Art. 177 Abs. 3 EWGV entsprechende Fragen vorgelegt. Nachdem der *Gerichtshof* die Bestimmungen als nicht zu beanstanden erklärt hatte, wies das *BVerwG* gleichwohl die Klage ab, ohne die Frage neuerlich dem *EuGH* oder dem

---

[5] Beschl. v. 4. 11. 1987 – 2 BvR 876/85 – EuGRZ 1988, 120. Dort auch der Hinweis auf den wortgleichen Beschluß vom gleichen Tage 2 BvR 763/85; Beschl. v. 9. 11. 1987 – 2 BvR 808/82 – NJW 1988, 1456 = EuGRZ 1988, 109 = NVwZ 1988, 621 (nur Ls.). Hierzu *Wölker*, EuGRZ 1988, 97. Alle drei Entscheidungen sind nicht zur Veröffentlichung in der amtlichen Sammlung vorgesehen.

BVerfG vorgelegt zu haben. Mit ihrer Verfassungsbeschwerde griff die Beschwerdeführerin das Urteil des *BVerwG* an. Sie rügte wegen des Unterlassens einer Vorlage die Verletzung von Art. 19 Abs. 4, 103 Abs. 1 und 101 Abs. 1 Satz 2 GG und erblickte in dem Urteil eine Verletzung ihrer Berufsfreiheit und ihrer allgemeinen Handlungsfreiheit in Verbindung mit den Grundsätzen der Rechtssicherheit sowie der Verhältnismäßigkeit[6].

Das *BVerfG* bejahte dabei zwar die von ihm bis dahin nicht entschiedene Frage[7], ob der *EuGH* gesetzlicher Richter i.S.v. Art. 101 Abs. 1 Satz 2 GG sei. Gleichwohl wurde die Verfassungsbeschwerde zurückgewiesen, u. a. weil es das *BVerwG* nicht willkürlich unterlassen habe, den *EuGH* erneut anzurufen. In seinem Beschluß prägte das *BVerfG* den Leitsatz, dem die Entscheidung ihren Namen verdankt: „Solange die Europäischen Gemeinschaften, insbesondere die Rechtsprechung des Gerichtshofes der Gemeinschaften, einen wirksamen Schutz der Grundrechte gegenüber der Hoheitsgewalt der Gemeinschaften generell gewährleisten, der dem vom Grundgesetz als unabdingbar gebotenen Grundrechtsschutz im wesentlichen gleichzuachten ist, zumal den Wesensgehalt der Grundrechte generell verbürgt, wird das Bundesverfassungsgericht seine Gerichtsbarkeit über die Anwendbarkeit von abgeleitetem Gemeinschaftsrecht, das als Rechtsgrundlage für ein Verhalten deutscher Gerichte oder Behörden im Hoheitsbereich der Bundesrepublik Deutschland in Anspruch genommen wird, nicht mehr ausüben und mithin dieses Recht nicht mehr am Maßstab der Grundrechte des Grundgesetzes überprüfen; entsprechende Vorlagen nach Art. 100 Abs. 1 GG sind somit unzulässig"[8]. Den „Verzicht" auf seine Rechtsprechung bzw. seine Aussetzung hat das *BVerfG* also im Kern auflösend bedingt. Die Bedingung tritt allerdings faktisch wohl erst bei einem „Grundrechtsabfall" des *EuGH* ein.

2. Der Beschluß zur Verbindlichkeit der EG-Richtlinien

Mit seiner Entscheidung vom 8. 4. 1987 zur Bindungswirkung von Vorabentscheidungen des *EuGH* wollte das *BVerfG* einen Konflikt zum

---

[6] Vgl. *Zeidler,* Wandel durch Annäherung – Das Bundesverfassungsgericht und das Europarecht, in: FS Helmut Simon, 1987, S. 740.

[7] *BVerfGE 29,* 198 (207); *31,* 145 (169).

[8] *BVerfGE 73,* 339 (340) [Ls. 2], 387) = JZ 1987, 236 mit Anm. *Rupp.*

Abschluß bringen[9], der seit dem stark umstrittenen[10] Urteil des *BFH* vom 25. 4. 1985[11] zwischen diesem und dem *EuGH* geschwelt hatte. Im Verlauf dieses Konfliktes hatte die Kommission sogar die Einleitung eines Vertragsverletzungsverfahrens gem. Art. 169 EWGV gegen die Bundesrepublik Deutschland geprüft, jedoch im Hinblick auf die gegen das Urteil des *BFH* eingereichte Verfassungsbeschwerde, die zu dem nunmehr vorliegenden Beschluß führte, von weiteren Schritten abgesehen[12].

In der Sache ging es beim Beschluß über die Bindungswirkung von Vorabentscheidungen des *EuGH* um die Rechtsprechung des *Gerichtshofes* zur unmittelbaren Anwendbarkeit von EG-Richtlinien im Falle ihrer nicht rechtzeitigen Umsetzung in das nationale Recht der Mitgliedstaaten. Der *EuGH* hat in mehreren Urteilen dem privaten einzelnen die Möglichkeit zuerkannt, sich auf Bestimmungen von Richtlinien gegenüber dem Mitgliedstaat, an den sie gerichtet sind, in gewissem Umfang unmittelbar zu berufen. Dies soll nach Auffassung des *EuGH* dann möglich sein, wenn der Mitgliedstaat die Richtlinie nicht ordnungsgemäß, insbesondere nicht rechtzeitig umgesetzt hat, soweit die dem Mitgliedstaat auferlegten Verpflichtungen klar und unbedingt sind und zu ihrer Anwendung insoweit keines Ausführungsaktes mehr bedürfen[13]. Im Ausgangsfall, in dem eine Steuerbefreiung unmittelbar aufgrund der (in der Bundesrepublik nicht rechtzeitig umgesetzten) Sechsten Umsatzsteuerrichtlinie[14] im Streit stand, hatte der *EuGH* auf Vorlage des *FG* seine

---

[9] Einen Konfliktabschluß bejaht *Hilf*, EuR 1988, 1 f.; zweifelnd allerdings *Rupp*, JZ 1988, 194, der befürchtet, daß der Streit mitnichten zu Ende ist, sondern sich noch ausweiten wird.

[10] Vgl. die Nachw. bei *BVerfG*, NJW 1988, 1459 (1461). Kennzeichnend die Überschrift der Urteilsbesprechung von *Tomuschat*, Nein, und abermals Nein!, EuR 1985, 346.

[11] VR 123/84 – *BFHE* 143, 383.

[12] *Hilf*, EuR 1988, 1 (6).

[13] *EuGH*, NJW 1982, 499; weitere Nachw. bei *BVerfG*, NJW 1988, 1459 (1460). Zustimmend *Everling*, Zur direkten innerstaatlichen Wirkung der EG-Richtlinien: Ein Beispiel richterlicher Rechtsfortbildung auf der Basis gemeinsamer Rechtsgrundsätze, in: FS Karl Carstens, Bd. 1, 1984, S. 95 ff. Ablehnend *Börner*, Der rechtliche Nutzen logischer Fehler, oder: Die Richtlinien des EWGV, oder Rechtsanwendung v. Rechtsetzung, in: FS Gerhard Kegel, 1987, S. 57 ff.

[14] Sechste Richtlinie des Rates der Europäischen Wirtschaftsgemeinschaft vom 17. 5. 1977 zur Harmonisierung der Rechtsvorschriften der Mitgliedstaaten über die Umsatzsteuern – Gemeinsames Mehrwertsteuersystem: einheitliche steuerliche Bemessungsgrundlage (77/388/EWG), ABl. L 145/1 vom 13. 6. 1977.

Rechtsprechung bestätigt. Gleichwohl hob der *BFH* als Revisionsinstanz das daraufhin stattgebende Urteil des *FG* wegen Verstoßes gegen Art. 20 Abs. 3 und 24 Abs. 1 GG auf. Er verweigerte damit dem *EuGH* – übrigens insoweit in Übereinstimmung mit der Rechtsauffassung des französischen *Conseil d'Etat*[15] – die Gefolgschaft, ohne sich aber gleichwohl veranlaßt zu sehen, wegen des Abweichens von der Rechtsauffassung des *EuGH* diesen gem. Art. 177 Abs. 3 EWGV erneut anzurufen.

Das *BVerfG* gab der gegen diese Entscheidung gerichteten Verfassungsbeschwerde statt. Mit seinem – fast wie eine Ohrfeige für den *BFH* wirkenden – Beschluß bestätigte das Verfassungsgericht zunächst in einem dürren Satz die im „Solange II"-Beschluß ausführlich begründete Rechtsauffassung[16], wonach der *EuGH* gesetzlicher Richter i.S.v. Art. 101 Abs. 1 Satz 2 GG sei[17]. Unter Auseinandersetzung mit den im Schrifttum vertretenen Ansichten kommt der Senat des *BVerfG* sodann zu dem Ergebnis, daß mit der im Wege der richterlichen Rechtsfortbildung gewonnenen Rechtsauffassung des *EuGH* dieser seine Kompetenzen gem. Art. 177 EWGV nicht überschritten habe[18]. Folglich war nach Auffassung des *BVerfG* der *BFH* an die Vorabentscheidung des *EuGH* gebunden und hätte bei Abweichung von dessen Rechtsauffassung diesem die Frage abermals vorlegen müssen. Dieser Pflicht habe sich der *BFH* – so das *BVerfG* – in objektiv willkürlicher Weise entzogen, wobei allerdings auf den Begriff der Willkür im Hinblick auf die Vorlagepflicht im Rahmen dieser Entscheidung nicht weiter eingegangen wird[19]. Gestützt auf diese Entscheidung sah sich das *BVerfG* in der Lage, zwei weitere, die Vorlagepflicht des *BFH* an den *EuGH* betreffende Fälle im Verfahren nach § 93b Abs. 2 BVerfGG bereits durch Kammerbeschluß zu entscheiden[20].

---

[15] *Hilf*, EuR 1988, 1 (5).
[16] *BVerfGE* 73, 339 (377 ff.) = JZ 1987, 236 mit Anm. *Rupp*.
[17] *BVerfG*, NJW 1988, 1459.
[18] *BVerfG*, NJW 1988, 1459 (1460 ff.).
[19] *BVerfG*, NJW 1988, 1459 (1462).
[20] 2 BvR 876/85 vom 4. 11. 1987 – EuGRZ 1988, 120; dort auch der Hinweis auf den Beschluß gleichen Wortlauts vom gleichen Tage, 2 BvR 763/85.

II. „Solange" – „Vielleicht" – „Mittlerweile" – Das Bundesverfassungsgericht auf dem Weg in die europäische Integration

Der „Solange II"-Beschluß und die erwähnte Entscheidung vom 8. 4. 1987 zur Bindungswirkung der Vorabentscheidungen des *EuGH* setzen einen (möglicherweise freilich nur vorläufigen) Schlußpunkt hinter eine Entwicklung, in der das *BVerfG* gegenüber Europa zunächst vorsichtige Zurückhaltung zu zeigen schien und in der es mit seiner berühmt gewordenen „Solange I"-Entscheidung dem Gedanken der europäischen Integration zunächst (scheinbar) offen die kalte Schulter zeigte, im Verlauf der zeitlichen und rechtlichen Entwicklung seine Zurückhaltung aber zunächst zögernd, nunmehr aber offen abgelegt hat.

1. Die Phase der Zurückhaltung

a) Die Qualifizierung der Akte von Gemeinschaftsorganen

Bereits im Jahr 1958, dem Jahr, in dem die Römischen Verträge in Kraft traten, nahm das *BVerfG* freilich nur in beiläufiger Weise auf die Gründung der Europäischen Wirtschaftsgemeinschaft Bezug[21].

Die Römischen Verträge waren zehn Jahre alt, als sich das *BVerfG* danach zum ersten Mal näher[22] mit der Rechtsstellung der Gemeinschaften auseinandersetzte. Dabei traten Divergenzen zwischen den beiden Senaten des Verfassungsgerichts im Hinblick auf ihre „Europafreundlichkeit" zutage. In einem Beschluß vom 5. 7. 1967 stellte sich der – für die spätere Rechtsprechung zum EG-Recht entscheidende – Zweite Senat auf den Standpunkt, dem Art. 189 EWGV über gemeinschaftsrechtliche Verordnungen und Richtlinien komme zwar große Bedeutung zu. Man könne indes nicht davon ausgehen, daß der ganze Vertrag seinen Sinn verlöre, wenn Art. 189 EWGV und die aufgrund dieser Bestimmun-

---

[21] *Frowein*, Europäisches Gemeinschaftsrecht und Bundesverfassungsgericht, in: Bundesverfassungsgericht und Grundgesetz, 1976, S. 189; *Stein*, Umgekehrt! – Bemerkungen zum „Solange II"-Beschluß des Bundesverfassungsgerichts in: FS Wolfgang Zeidler, Bd. 2, 1987, S. 1716 mit Fn. 26.
[22] In den Entscheidungen *BVerfGE 19*, 17 (28); *21*, 150 (155) werden Bestimmungen des Gemeinschaftsrechts zitiert; vgl. *Frowein* (Fn. 21), S. 189.

gen erlassenen Verordnungen in der Bundesrepublik Deutschland der unmittelbaren Gültigkeit entbehrten[23].

In einer Entscheidung vom 18. 10. 1967 hatte demgegenüber der Erste Senat darüber zu befinden, ob unmittelbar gegen Verordnungen des Rates und der Kommission der Europäischen Wirtschaftsgemeinschaft die Verfassungsbeschwerde zulässig sei[24]. Der Senat verneinte diese Frage mit der Begründung, daß die Akte des Rates und der Kommission keine Akte der deutschen „öffentlichen Gewalt" seien. Vielmehr übten die Organe der EWG Hoheitsrechte aus, deren sich die Mitgliedstaaten zugunsten der von ihnen gegründeten Gemeinschaft entäußert hätten. Die Gemeinschaft sei kein Staat, vielmehr „eine im Prozeß fortschreitender Integration stehende Gemeinschaft eigener Art, eine zwischenstaatliche Einrichtung im Sinne des Art. 24 Abs. 1 GG, auf die die Bundesrepublik Deutschland – wie die übrigen Mitgliedstaaten – bestimmte Hoheitsrechte übertragen" habe[25]. Allerdings stellt der Erste Senat in der gleichen Entscheidung einen bedeutsamen Vorbehalt auf: „Die Entscheidung beschränkt sich auf den Ausspruch, daß das Bundesverfassungsgericht nicht unmittelbar mit der Verfassungsbeschwerde gegen Verordnungen des Rates oder der Kommission angerufen werden kann. Nicht entschieden ist damit, ob und in welchem Umfang das *BVerfG* im Rahmen eines zulässigerweise bei ihm anhängig gemachten Verfahrens Gemeinschaftsrecht an den Grundrechtsnormen des Grundgesetzes messen kann"[26].

b) Der „Solange I"-Beschluß

Die damit angesprochene Gelegenheit zur Klärung der Frage, ob das *BVerfG* Europäisches Gemeinschaftsrecht an den Bonner Grundrechten prüfen darf, bot sich dem Zweiten Senat des Gerichts im Jahr 1974[27], als

---

[23] *BVerfGE* 22, 134 (152).
[24] *BVerfGE* 22, 293.
[25] *BVerfGE* 22, 293 (296); *Zeidler* (Fn. 6), S. 728.
[26] *BVerfGE* 22, 293 (298f.); *Zeidler* (Fn. 6), S. 728.
[27] Nur erwähnt werden soll an dieser Stelle der Beschluß vom 9. 6. 1971 (*BVerfGE 31*, 145 [173f.]). In ihm anerkennt der Zweite Senat, daß gemeinschaftsrechtliche Vorschriften entgegenstehendes nationales Recht überlagern und verdrängen können. Hingegen finden sich keine Ausführungen zur Überprüfung der Vorschriften des Gemeinschaftsrechts am Maßstab der Grundrechte. Zu dieser Entscheidung *Frowein* (Fn. 21), S. 190 m.w.N.

er den „Solange I"-Beschluß erließ. Einem Import- und Exportunternehmen war (durch eine deutsche Behörde in Ausführung einer gemeinschaftsrechtlichen Regelung) eine Kaution für verfallen erklärt worden, nachdem es einige ihm erteilte Ausfuhrlizenzen nur teilweise genutzt hatte. Das gegen diese Verfallserklärung angerufene *VG* legte zunächst dem *EuGH* die in Rede stehende EWG-Verordnung zur Prüfung auf die Vereinbarkeit mit dem Gemeinschaftsrecht vor. Nach der bejahenden Vorabentscheidung des *EuGH* legte das *VG* daraufhin die Kautionsregelung gem. Art. 100 Abs. 1 GG dem *BVerfG* zur Überprüfung auf Vereinbarkeit mit der deutschen Verfassung vor, weil sie nach Auffassung des *VG* die wirtschaftliche Freiheit der Exporteure in ihrem Wesensgehalt antastete und mithin nach Überzeugung des Vorlagegerichts verfassungswidrig war. Im Ergebnis bejahte das *BVerfG* zwar die Verfassungsmäßigkeit der Verordnung – allerdings wäre die Entscheidung mit den Ausführungen zu dieser Frage allein schwerlich berühmt geworden[28].

Seine hohe Bedeutung erlangte der Beschluß erst durch die grundsätzlichen Ausführungen des Senates zur Zulässigkeit der Richtervorlage zwecks Überprüfung der Grundrechtsmäßigkeit von Europäischem Gemeinschaftsrecht[29]; insoweit wurde der Beschluß freilich nur von fünf Richtern getragen, während die drei übrigen in einem Sondervotum ihre abweichende Auffassung kundtaten[30]. Ausgangspunkt der Entscheidung war insoweit die Feststellung, daß das Gemeinschaftsrecht eine eigenständige Rechtsordnung bilde, die selbständig und unabhängig von der nationalen Rechtsordnung bestehe und daß es Aufgabe der Gemeinschaftsorganisationen sei, über das Gemeinschaftsrecht zu wachen, wie es Aufgabe der nationalen Institutionen sei, die Einhaltung des nationalen Rechts zu kontrollieren[31]. Im Falle der Kollision beider Rechtskreise könne aber nicht von einem automatischen Vorrang des Gemeinschaftsrechts vor dem nationalen Verfassungsrecht ausgegangen werden. Art. 24 GG ermächtige nicht eigentlich zur Übertragung von Hoheitsrechten, sondern öffne die nationale Rechtsordnung für Regelungen des Gemeinschaftsrechts derart, daß der ausschließliche Herrschaftsanspruch der Bundesrepublik Deutschland zurückgenommen und der unmittelbaren Geltung und Anwendbarkeit eines Rechts aus anderer Quelle innerhalb

---

[28] *Zeidler* (Fn. 6), S. 729.
[29] *BVerfGE* 37, 271 (277 ff.) = JZ 1975, 479 (dazu *Feige*, S. 476).
[30] *BVerfGE* 37, 271 (291).
[31] *BVerfGE* 37, 271 (277 f.).

des staatlichen Herrschaftsbereichs Raum gelassen werde[32]. Eine Grenze bilde allerdings die Identität der Verfassung, die nicht durch einen Einbruch in die sie konstituierenden Strukturen aufgebrochen werden dürfe[33]. Als unaufgebbares, zur Verfassungsstruktur des Grundgesetzes gehörendes Essentiale der geltenden Verfassung sei der Grundrechtsteil anzusehen, der durch Art. 24 GG nicht vorbehaltlos relativiert werden könne[34]. Nach der Auffassung der Mehrheit des Zweiten Senates war indes die Grundrechtsverbürgung durch die Organe der EWG damals (noch) nicht hinreichend gesichert. Zum einen wurde das Fehlen eines unmittelbar demokratisch legitimierten, aus freien Wahlen hervorgegangenen Parlaments bemängelt, das Gesetzgebungsbefugnisse besitze und dem die zur Gesetzgebung befugten Organe der Gemeinschaft voll verantwortlich seien. Zum anderen wurde insbesondere auf das Fehlen eines kodifizierten Grundrechtskataloges auf Gemeinschaftsebene hingewiesen, dessen Inhalt ebenso zuverlässig und für die Zukunft unzweideutig feststehe, wie der des Grundgesetzes. Die zu fordernde Rechtsgewißheit könne alleine durch die „anerkanntermaßen bisher grundrechtsfreundliche Rechtsprechung des Europäischen Gerichtshofes" nicht gewährleistet werden[35]. Solange auf diesen Gebieten auf Gemeinschaftsebene keine adäquaten Institute geschaffen seien, behielt sich die Senatsmehrheit die Überprüfung von abgeleitetem Gemeinschaftsrecht auf Übereinstimmung mit den Grundrechten vor. Hier wird also gewissermaßen die beanspruchte Rechtsprechungskompetenz auflösend bedingt (durch entsprechenden Schutz auf Gemeinschaftsebene), während danach im „Solange II"-Beschluß umgekehrt der Verzicht auf die Karlsruher Entscheidungskompetenz durch den Fortfall eines hinreichenden Schutzes auf Europäischer Gemeinschaftsebene auflösend bedingt wird.

Gegenüber der den „Solange I"-Beschluß tragenden Mehrheit waren die drei dissentierenden Richter schon damals der Auffassung, der Europäische Gerichtshof gewährleiste hinreichenden Grundrechtsschutz und

---

[32] BVerfGE 37, 271 (280).

[33] BVerfGE 37, 271 (279). Bei strengem Sprachgebrauch würde die Forderung nach Identität der Verfassung jede Modifikation hindern. Gerade dies hat das BVerfG aber nicht gemeint. Verhindert werden sollen wohl nur solche Einwirkungen auf die Verfassung, die diese in ihrem Wesen bzw. ihren Grundstrukturen verändern würden.

[34] BVerfGE 37, 271 (280).

[35] BVerfGE 37, 271 (280); Zeidler (Fn. 6), S. 730.

die Europäischen Gemeinschaften verfügten auch über ein zur Durchsetzung dieser Grundrechte geeignetes Rechtsschutzsystem[36]. Auf der anderen Seite hoben sie hervor, kein Mitgliedstaat könne verlangen, daß die Grundrechte auf Gemeinschaftsebene gerade in der Gestalt gewährleistet würden, in der sie die jeweilige nationale Verfassung kenne[37].

Der Beschluß erfuhr teilweise Zustimmung, überwiegend aber heftige Kritik[38]. Namentlich die Gemeinschaften selbst reagierten empfindlich. Die Kommission erwog gar die Einleitung eines Verfahrens gegen die Bundesrepublik Deutschland wegen Verletzung der Europäischen Gemeinschaftsverträge[39].

2. Die Phase der Annäherung

Der Zweite Senat war es aber auch, der wenige Jahre später die Umkehrbereitschaft des Gerichts signalisierte. In einer Entscheidung vom 25. 7. 1979 formulierte der Senat in seinem „Vielleicht-Beschluß", nachdem er sich ablehnend zu der Frage geäußert hatte, ob Normen des primären Gemeinschaftsrechts am Maßstab der nationalen Verfassung geprüft werden könnten[40], ein für die konkrete Entscheidung an sich ebenso überflüssiges wie gleichwohl aufschlußreiches obiter dictum. Hier ließ der Senat nämlich ausdrücklich offen, ob und gegebenenfalls inwieweit angesichts zwischenzeitlicher politischer und rechtlicher Entwicklungen im europäischen Bereich für künftige Vorlagen des abgeleiteten Gemeinschaftsrechts die Grundsätze des „Solange I"-Beschlusses weiterhin uneingeschränkt Geltung beanspruchen könnten[41].

Einen weiteren „Schritt in Richtung Europa" ging der Senat in der „Eurocontrol I"-Entscheidung vom 23. 6. 1981[42], in der er sich zwar

---

[36] *BVerfGE 37*, 271 (292 ff., 294); *Zeidler* (Fn. 6), S. 731.

[37] *BVerfGE 37*, 271 (297).

[38] Vgl. die Übersicht über ablehnende und zustimmende Äußerungen bei *Hilf*, EuGRZ 1987, 1 in Fn. 5.

[39] *Zeidler* (Fn. 6), S. 729; zur Frage, ob der Beschluß eine Vertragsverletzung i.S.v. Art. 169 EWGV darstellte *Hilf*, ZaöRV 35 (1975), 51, 60 ff.

[40] *BVerfGE 52*, 187 (200 f.).

[41] *BVerfGE 52*, 187 (202 f.). Hierzu *Tomuschat*, NJW 1980, 2611 (2613 ff.); *H. P. Ipsen*, EuR 1980, 71 (74); *Fastenrath*, DVBl. 1981, 490; *Schweitzer*, JA 1982, 174 (178); *Zeidler* (Fn. 6), S. 735; *Stettner*, AöR 111 (1986), 537 (562 ff.); *Sachs*, NJW 1982, 465.

[42] *BVerfGE 58*, 1 = JZ 1982, 145 mit Anm. *Gramlich*.

nicht mit dem Verhältnis des EG-Rechts zum nationalen Verfassungsrecht, sondern mit den verfassungsrechtlichen Voraussetzungen und Grenzen der Übertragung von Hoheitsbefugnissen auf eine andere zwischenstaatliche Einrichtung – die Europäische Organisation zur Sicherung der Luftfahrt (Eurocontrol) – zu befassen hatte[43]. Auch hier wiederholte das Gericht noch einmal seine Rechtsauffassung, daß Art. 24 Abs. 1 GG es nicht gestatte, den Grundrechtsteil des Grundgesetzes vorbehaltlos zu relativieren[44]. Es fährt dann allerdings fort: „Dies bedeutet freilich nicht, daß in Bezug auf Akte der öffentlichen Gewalt einer unter Beteiligung der Bundesrepublik Deutschland errichteten zwischenstaatlichen Einrichtung ein Rechtsschutzsystem vorgesehen werden müßte, das in Umfang und Wirksamkeit in jeder Hinsicht dem Rechtsschutzsystem gleichkommt, wie es in bezug auf Akte der deutschen öffentlichen Gewalt von Verfassungs wegen gewährleistet ist. Eine derartig weitgehende Ausrichtung der rechtlichen Ausgestaltung einer zwischenstaatlichen Einrichtung an den innerstaatlichen Bestimmungen eines beteiligten Staates liefe letztlich der in Art. 24 Abs. 1 GG zum Ausdruck kommenden ‚Verfassungsentscheidung für eine internationale Zusammenarbeit' (Klaus Vogel) zuwider"[45].

III. Folgen der neuen Entscheidungen

Mit der eingangs geschilderten „Solange II"-Entscheidung und dem erörterten Beschluß vom 8. 4. 1987 zur Bindungswirkung von Vorabentscheidungen des *EuGH* hat das Gericht weitere und wohl entscheidende Stolpersteine für die europäische Zusammenarbeit aus dem Weg geräumt.

Mindestens der „Solange II"-Beschluß durfte sich großer Aufmerksamkeit in der Fachwelt sicher sein und hat sie zu einem großen Teil schon erhalten. Dabei sind die bisherigen Reaktionen durchaus geteilt, wobei allerdings die vorsichtigen, meist nicht umfassenden Zustimmungen überwiegen[46]. Aber auch der Beschluß vom 8. 4. 1987 zur Bindungs-

---

[43] *Scherer*, JA 1987, 483 (485); ausführlich *Zeidler* (Fn. 6), S. 735 ff.
[44] *BVerfGE 58*, 1 (40).
[45] *BVerfGE 58*, 1 (41); zur Reaktion im Schrifttum vgl. die Nachw. bei *Scherer*, JA 1987, 483 (485 mit Fn. 36).
[46] Uneingeschränkte Zustimmung bei *H. P. Ipsen*, EuR 1987, 1; wohl auch *Zeidler* (Fn. 6), S. 739 ff.; eher verhaltener Beifall bei *Hilf*, EuGRZ 1987, 1; *Vedder*,

wirkung von Vorabentscheidungen des *EuGH* verdient Beachtung[47]. Es kann im folgenden nicht darum gehen, die Entscheidungen umfassend zu analysieren. Vielmehr soll der Blick in die Zukunft, auf einige Konsequenzen aus beiden Beschlüssen gerichtet werden.

1. „Solange II" und die Grundrechtsrechtsprechung des EuGH

Die zögerliche Haltung, die das *BVerfG* in seinem „Solange I"-Beschluß gegenüber der Rechtsordnung der Europäischen Gemeinschaften angenommen hatte, ist vielfach – jedenfalls von deutscher Seite – als die Initialzündung für die Entwicklung europäischer Grundrechte gedeutet worden[48]. Zwar hatte der *EuGH* bereits vor dem „Solange I"-Beschluß in mehreren Entscheidungen anerkannt, daß zu den Grundsätzen der Gemeinschaft auch die Grundrechte der Person zählen[49]. Noch in seinem wenige Tage vor Erlaß des Beschlusses des *BVerfG* entschiedenen Fall *Nold* hatte das Luxemburger Gericht die „gemeinsamen Verfassungsüberlieferungen der Mitgliedstaaten", aber auch „die internationalen Verträge über den Schutz der Menschenrechte, an deren Abschluß die Mitgliedstaaten beteiligt waren" als Grundlage der vom Gerichtshof zu wahrenden Menschenrechte genannt[50]. Dementsprechend hat auch bereits die den „Solange I"-Beschluß tragende Mehrheit des Zweiten Senates die Rechtsprechung des *EuGH* als „anerkanntermaßen grundrechtsfreundlich" bezeichnet[51], die Minderheit berief sich bereits damals ausdrücklich auf die „Nold"-Entscheidung als Zeichen eines fortgeschrittenen Grundrechtsbewußtseins im *EuGH*[52] – eine Einschätzung, die sich der Senat im „Solange II"-Beschluß zu eigen machte [53].

NJW 1987, 526; *Maidowski*, JuS 1988, 114; *Stein* (Fn. 21), S. 1721 ff.; kritisch *Scherer*, JA 1987, 483 (486 ff.); *Rupp*, JZ 1987, 241 f.

[47] Zu ihm *Hilf*, EuR 1988, 1; *Rupp*, JZ 1988, 194.

[48] *Ress*, Die Verwaltung 20 (1987), 177; *Scherer*, JA 1987, 483 (484 f.); *Zeidler* (Fn. 6), S. 733 f.; *Frowein* (Fn. 21), S. 201 ff.

[49] Urteil v. 12. 11. 1969, Slg. XV (1969), 419 (425) – [Stauder/Stadt Ulm]; vgl. auch Urteil v. 17. 12. 1970, Slg. XVI (1970), 1125 (1135) – [Internationale Handelsgesellschaft].

[50] *Scherer*, JA 1987, 483 (484 m.w.N.).

[51] *BVerfGE* 37, 271 (280) = JZ 1975, 479 (dazu *Feige*, S. 476).

[52] *BVerfGE* 37, 271 (293); *Zeidler* (Fn.6), S. 734.

[53] *BVerfGE* 73, 339 (379) = JZ 1987, 236 mit Anm. *Rupp*.

Gleichwohl bleibt festzuhalten, daß sich die Grundrechtsrechtsprechung des *EuGH* nach und wohl in der Tat auch infolge der „Solange I"-Entscheidung intensivierte. Das gemeinschaftliche Sekundärrecht sah sich aufgrund dieser Entscheidung des *BVerfG* nicht nur der verstärkt grundrechtsbezogenen Kontrolle durch den *EuGH* ausgesetzt. Es mußte zusätzlich auch damit rechnen, vor den höchsten Gerichten der Mitgliedstaaten auf seine Gültigkeit oder Anwendbarkeit im Rahmen der jeweiligen nationalen Verfassungen überprüft zu werden[54]. Dies hatte zur Folge, daß der *EuGH* bewußt seine bereits vorher fundierte Rechtsprechung zum Grundrechtsschutz verstärkte und hierbei die enge Verknüpfung des Gemeinschaftsrechts mit dem Verfassungsrecht der Mitgliedstaaten herausstellte[55]. Dabei nahm er ausdrücklich auch das deutsche Grundgesetz in den Blick[56]. Das europäische Parlament, der Rat und die Kommission der Gemeinschaft verabschiedeten am 5. 4. 1977 eine Gemeinsame Erklärung zu den Grundrechten, in der sie ausdrücklich feststellten, daß zum Gemeinschaftsrecht neben den Vorschriften der Verträge und des abgeleiteten Gemeinschaftsrechts auch die allgemeinen Rechtsgrundsätze und insbesondere die Grundrechte, Prinzipien und Rechte zu zählen seien, welche die Grundlage der Verfassung der Mitgliedstaaten bildeten[57]. Diese Erklärung, der am 7. / 8. 4. 1978 eine Erklärung des Rates zur Demokratie folgte[58], ist auch als unmittelbare Antwort der Gemeinschaft auf den „Solange I"-Beschluß verstanden worden[59].

Der „Solange II"-Beschluß ist wohl maßgeblich auch die Reaktion des *BVerfG* auf diese Entwicklung im Gemeinschaftsbereich. Dabei hat allerdings das *BVerfG* nicht unerheblich zurückgesteckt. Hatte es im „Solange I"-Beschluß noch die Schaffung eines kodifizierten Grundrechtskataloges auf Gemeinschaftsebene angemahnt[60], so ist es nunmehr von dieser Forderung abgerückt[61] und verläßt sich – trotz des Hinweises

---

[54] *Hilf*, EuGRZ, 1 (2).
[55] Zur Entwicklung der Grundrechtsrechtsprechung des *EuGH* vgl. die Nachw. bei *BVerfGE 73*, 339 (378ff.) = JZ 1987, 236 mit Anm. *Rupp*.
[56] *Ress*, Die Verwaltung 20 (1987), 177 (178); *Hilf*, EuGRZ 1987, 1 (2); *EuGH*, EuGRZ 1979, 659 (662).
[57] ABl. Nr. C 103/1 vom 27. 4. 1977.
[58] Bull. EG 3-1978, S 5.
[59] *Hilf*, EuGRZ 1987, 1 (2).
[60] *BVerfGE 37*, 271 (280) = JZ 1975, 479 (dazu *Feige*, S. 476).

auf die Europäische Menschenrechtskonvention, der alle Mitgliedstaaten beigetreten sind und auf die erwähnte Erklärung aus dem Jahr 1977[62] – im Ergebnis doch im wesentlichen auf die Rechtsprechung des *EuGH*, die es bereits 1974 als grundrechtsfreundlich, aber zum damaligen Zeitpunkt für sich alleine genommen als zur Grundrechtssicherung nicht ausreichend qualifiziert hatte[63]. Auch an dem Desiderat der Schaffung eines unmittelbar demokratisch legitimierten, aus allgemeinen Wahlen hervorgegangenen Parlaments, das Gesetzgebungsbefugnisse besitze und dem die zur Gesetzgebung befugten Gemeinschaftsorgane politisch voll verantwortlich seien[64], hat der Senat nur noch sehr eingeschränkt festgehalten. Das 1979 zum erstenmal direkt gewählte Europäische Parlament hat weder durchgängige Gesetzgebungsbefugnisse erhalten noch sind ihm Rat und Kommission politisch voll verantwortlich[65].

Der Senat hat auf der anderen Seite die Hürden zur Abkehr von „Solange II" so hoch angesetzt, daß sie voraussichtlich weitgehend von wohl nur theoretischer Bedeutung sein dürften[66]. „Solange" soll nämlich erst dann nicht mehr gelten, wenn der *EuGH* Grundrechte „schlechthin und generell" nicht mehr anzuerkennen oder zu schützen bereit und in der Lage ist und wenn damit das vom Grundgesetz geforderte Ausmaß an Grundrechtsschutz auf der Ebene des Gemeinschaftsrechts „generell und offenkundig" unterschritten wird[67]. Wie erwähnt, wird damit gewissermaßen an den eher theoretischen Fall eines prinzipiellen Grundrechtsabfalls der Gemeinschaften angeknüpft, was eine politische Katastrophe wäre, die gewiß mehr als den „Solange II"-Beschluß hinwegfegen würde. Damit geht das Gericht über einen Dreierausschußbeschluß aus dem Jahr 1983 hinaus, in dem sich das Gericht die Möglichkeit offenließ, eine vom *EuGH* als gemeinschaftsrechtskonform eingestufte EG-Regelung im Einzelfall für unanwendbar zu erklären, wenn sie „inhaltlich schlechthin unerträgliche Grundrechtsbeeinträchtigungen" mit sich

---

[61] Kritisch insoweit – aus unterschiedlichem Blickwinkel – *Hilf*, EuGRZ 1987, 1 (4); *Stein* (Fn. 21), S. 1723.
[62] *BVerfGE* 73, 339 (384f.) = JZ 1987, 236 mit Anm. *Rupp*.
[63] *BVerfGE* 37, 271 (280) = JZ 1975, 479 (dazu *Feige*, S. 476).
[64] *BVerfGE* 37, 271 (280).
[65] *Hilf*, EuGRZ 1987, 1 (2).
[66] *Stein* (Fn. 21), S. 1724ff.; *Ress*, Die Verwaltung 20 (1987), 177 (178), der dennoch meint, der theoretische Vorbehalt solle „nicht gering bewertet werden".
[67] *BVerfGE* 73, 339 (387) = JZ 1987, 236 mit Anm. *Rupp*.

bringe[68]. Nunmehr ist eine generelle Abkehr des *EuGH* vom Grundrechtsschutz Bedingung für eine Neuorientierung des *BVerfG*. Ist mithin die einzelne Grundrechtsverletzung für das *BVerfG* kein Grund zum Einschreiten und berücksichtigt man, daß eine „schlechthinnige und generelle" Unfähigkeit oder Unwilligkeit des *EuGH*, Grundrechte zu schützen, jedenfalls derzeit mit an Sicherheit grenzender Wahrscheinlichkeit ausgeschlossen erscheint, so kommt dem „Solange II"-Beschluß der Sache nach leicht die Wirkung eines „Niemals mehr" zu[69]. Hinzu kommt die prozessuale Frage, wie eigentlich die generelle Abkehr des *EuGH* in einem (welchen?) Verfahren vor dem *BVerfG* geltend gemacht werden könnte[70].

2. Die Vorlagen an den EuGH

Aus der Bundesrepublik Deutschland kamen im Zeitraum von 1961 bis 1985 insgesamt 514 Vorlagen vor den Gerichtshof der Europäischen Gemeinschaften. Damit steht die Bundesrepublik – was die Vorlagefreudigkeit ihrer Gerichte angeht – in Europa an erster Stelle[71]. Viele dieser Vorlagen waren – als Reaktion auf den „Solange I"-Beschluß – durch Vorfragen des deutschen Verfassungsrechts geprägt und gaben dem Gerichtshof Gelegenheit, Grundrechtsprobleme durch Weiterentwicklung entsprechender allgemeiner Rechtsgrundsätze zu beantworten[72]. Nach dem „Solange II"-Beschluß ist die Frage gestellt worden, ob sich diese durchaus positive Vorlagepraxis deutscher Gerichte und insbesondere ihre grundrechtliche Ausrichtung in Zukunft fortsetzen werde[73]. Damit ist die weitere Frage verbunden, wann ein deutsches Gericht künftig zur Vorlage an den EuGH verpflichtet ist[74].

---

[68] *BVerfG*, NJW 1983, 1258 (1259); *Stein* (Fn. 21), S. 1725.

[69] *Stein* (Fn. 21), S. 1725f. Allerdings wirft *Rupp*, JZ 1988, 194 (195 mit Fn. 4) die Frage auf, auf welche Weise die Richter des *BVerfG* ihre Nachfolger im Amte an eine bestimmte Rechtsansicht binden könnten, zumal dieselben Richter die Rechtsauffassung, die ihre Vorgänger im Amte in der „Solange I"-Entscheidung vertreten haben, praktisch in das Gegenteil verkehrt hätten.

[70] *Scherer*, JA 1987, 483 (489).

[71] *Ress*, Die Verwaltung 20 (1987), 177 (183 ff.).

[72] *Ress*, Die Verwaltung 20 (1987), 177 f.

[73] *Ress*, Die Verwaltung 20 (1987), 177 f. Bereits *Schiller*, NJW 1983, 2736 berichtet von einer verstärkten Tendenz nationaler Gerichte, ihrer Vorlageverpflichtung gem. Art. 177 Abs. 3 EWGV nicht nachzukommen.

In seiner Entscheidung vom 8. 4. 1987 zur Bindungswirkung der Vorabentscheidungen des *EuGH*, mit dem es in den Konflikt zwischen *BFH* und *EuGH* eingriff, sowie in zwei nachfolgenden Kammerbeschlüssen vom 4. 11. 1987, die ebenfalls diese Konflikte betrafen[75], konnte es sich das *BVerfG* noch verhältnismäßig einfach machen: Es stellte zunächst fest, daß die Rechtsauffassung des *EuGH* für den *BFH* verbindlich sei und dieser, wenn er davon abweichen wolle, zur abermaligen Vorlage an den *EuGH* verpflichtet gewesen sei. Sodann befand das Verfassungsgericht, die Nichtbefolgung dieser Vorlageverpflichtung sei objektiv willkürlich gewesen, „wie immer im übrigen der Maßstab der Willkür im Hinblick auf Verstöße gegen die Vorlagepflicht aus Art. 177 EWGV zu fassen sein mag"[76]. Dies verrät Ärger über den *BFH*, zeugt aber nicht eben von methodischer Sensibilität und Vorsicht.

Folglich konnte es dabei auch nicht bleiben. Bereits wenige Tage nach den erwähnten Kammerbeschlüssen sah sich das Gericht veranlaßt, eingehender zu der Fragestellung zu nehmen, wann ein Gericht seine Verpflichtung zur Vorlage an den *EuGH* und damit – nach dem Ansatz des *BVerfG* – die Garantie des gesetzlichen Richters verletzt[77]. Bei der Beantwortung der Frage ging es dem *BVerfG* ersichtlich darum, nachdem es sich der Überprüfung abgeleiteten Gemeinschaftsrechts an den Vorschriften des GG entäußert hatte, nicht ersatzweise in die Position eines nationalen obersten „Vorlagen-Kontroll-Gerichts" geschoben zu werden. Daher lehnt die Kammer eine umfassende Durchprüfung der Vorlageverpflichtung aus Art. 177 EWGV ab und beschränkt sich auf die Überprüfung, ob die Vorlage willkürlich unterblieben ist[78].

Dabei werden drei Fälle unterschieden: Zunächst der *erste Fall*, daß ein letztinstanzliches Hauptsachegericht eine Vorlage nach Art. 177 Abs. 3 EWGV trotz der – seiner Auffassung nach – bestehenden Entscheidungserheblichkeit der gemeinschaftsrechtlichen Frage überhaupt nicht in Erwägung zieht, obwohl es selbst Zweifel hinsichtlich der richtigen

---

[74] Vgl. dazu die freilich sehr pointierte Stellungnahme von *Rupp*, JZ 1987, 241 ff.

[75] Oben Fn. 4 und 5.

[76] *BVerfG*, NJW 1988, 1459 (1462); *BVerfG* (1. Kammer des Zweiten Senates), EuGRZ 1988, 120.

[77] *BVerfG* (1. Kammer des Zweiten Senates), NJW 1988, 1456 = EuGRZ 1988, 109 = NVwZ 1988, 621 (nur Ls.).

[78] *BVerfG*, NJW 1988, 1456 (1457).

Beantwortung der Frage hegt (Fall der willkürlichen Verkennung der Vorlagepflicht). *Zweitens* der Fall, daß das letztinstanzliche Hauptsachegericht in einer entscheidungserheblichen Frage bewußt von der Rechtsprechung des *EuGH* abweicht und gleichwohl nicht oder nicht neuerlich vorlegt (vom *BVerfG* als „per se Willkürtatbestand" eingestuft)[79]. Der *dritte* (und wohl am schwierigsten zu handhabende) Fall betrifft die Konstellation, daß zu der entscheidungserheblichen Frage aus verschiedenen Gründen keine gefestigte Rechtsauffassung des *EuGH* vorliegt, sei es, weil er diese Frage noch nicht oder nicht abschließend entschieden hat, sei es, weil es als nicht nur entfernt möglich erscheint, daß er seine Rechtsprechung zu dieser Frage fortentwickeln wird. In diesem Fall soll die Nichtvorlage an den *EuGH* nur dann willkürlich und vom *BVerfG* zu beanstanden sein, wenn das Hauptsachegericht seinen Beurteilungsspielraum in unvertretbarer Weise überschritten hat; dies wiederum soll aber nur dann der Fall sein , „wenn mögliche Gegenauffassungen zu der entscheidungserheblichen Frage des Gemeinschaftsrechts gegenüber der vom Gericht vertretenen Meinung *eindeutig* vorzuziehen sind"[80]. Die Schwelle zur verfassungsrechtlichen Sanktionierung der Nichtvorlage trotz bestehender Vorlagepflicht an den *EuGH* ist damit außerordentlich hoch – nämlich an der Willkürgrenze – angesetzt. Deshalb ist die Befürchtung, daß damit die Einbeziehung des *EuGH* in den Schutzbereich des Art. 101 Abs. 1 Satz 2 GG letztlich faktisch weitgehend leerlaufe, nicht völlig von der Hand zu weisen[81]. Der Fall, daß ein Gericht in der festen Überzeugung, die gegenteilige Auffassung sei der eigenen eindeutig überlegen, dennoch an ihr festhält – und damit nach der Auffassung des *BVerfG* die Willkürgrenze überschreitet –, dürfte im allgemeinen eher theoretischer Natur sein. Kommt das Gericht hingegen zu der Auffassung, „trotz objektiv vernünftiger Zweifel" sei seine Ansicht möglicherweise anderen unterlegen, dies sei aber seiner Meinung nach durchaus nicht eindeutig, so bliebe der Weg zum *EuGH* über den Karlsruher Umweg versperrt, denn das *BVerfG* würde einen willkürlichen Verstoß gegen die Vorlagepflicht nicht feststellen[82]. Sollte sich aber das *BVerfG* selbst die Entscheidung darüber vorbehalten wollen, wann eine Auffassung gegenüber der anderen „eindeutig" vorzugswürdig ist,

---

[79] *BVerfG*, NJW 1988, 1456 (1457).
[80] *BVerfG*, NJW 1988, 1456 (1457), Hervorhebung im Original.
[81] Vgl. *A. Wilke*, BayVBl. 1987, 586 (589).
[82] *Wölker*, EuGRZ 1988, 97 (99).

so würde es genau zu dem werden, was es erkennbar nicht werden wollte: zur obersten (Nicht-)Vorlagen-Kontroll-Instanz.

IV. Fazit

Gewiß sind die neuen Entscheidungen des *BVerfG* von ihrer prozeßrechtlichen Anknüpfung geprägt, die vielleicht für die Verdeutlichung der etwaigen Verfassungsbindung der Gemeinschaftsgewalt und der Bestimmung des Ranges des europäischen Gemeinschaftsrechts nicht übermäßig funktionsadäquat ist, dafür aber die Institutionenkonkurrenz zwischen Luxemburg und Karlsruhe markant bezeichnet. Problematisch ist an der Karlsruher Rechtsprechung vor allem, daß an dem für das *BVerfG* vorgegebenen Maßstab des nationalen Verfassungsrechts Fragen des supranationalen Rechts entschieden werden, sei es die Grundrechtsbindung und Grundrechtskontrollpraxis auf europäischer Ebene, sei es vor allem die Grenze der Vorlageverpflichtung nach Art. 177 Abs. 3 EWGV. Die Anknüpfung an die Überprüfung der dem Art. 24 GG gesetzten Verfassungsgrenzen wie vor allem die Betrachtung des *EuGH* als gesetzlicher Richter i.S.d. Art. 101 Abs. 1 Satz 2 GG mögen dabei noch vertretbare, wenn auch keineswegs ideale Ansatzpunkte sein. Es spricht vieles dafür, nur deutsche Richter als gesetzliche Richter i.S.d. Art. 101 Abs. 1 Satz 2 GG zu verstehen. Was an sich einheitlich für die Gemeinschaft zu entscheiden wäre, vermag naturgemäß von Karlsruhe nur für den Bereich der Bundesrepublik Deutschland und auch dort nicht bindend für den *EuGH* entschieden werden. Es kann daraus m.a.W. immer nur eine relative (d. h. nationalrechtliche) Erkenntnisrichtigkeit folgen.

Immerhin bleibt es wohl das Verdienst des *BVerfG*, dazu beigetragen zu haben, die Grundrechtssensibilität des *EuGH* – und u. U. der EG insgesamt – zu intensivieren und zu perpetuieren. Dabei erscheint es eher müßig, darüber zu spekulieren, ob sich dies in Senatsmehrheit des „Solange I"-Beschlusses so vorgestellt hatte. Auch hier mag gelten, was für die historische Deutung so typisch ist: der Sinn einer historischen Entwicklung oder gar ein historisches Verdienst ist typischerweise immer erst im Nachhinein zu erkennen.

Der Schritt von „Solange I" zu „Solange II" kann auch als weitere Entfaltung einer europabezogenen Verfassungs- und Grundrechts*politik* der deutschen Verfassungsgerichtsbarkeit verstanden werden. Ungeachtet der prinzipiellen Fragestellung nach einer verfassungspolitischen Legitimation der Verfassungsgerichtsbarkeit kann dem Karlsruher Vorgehen insoweit eine gewisse Legitimität oder doch Plausibilität nicht abgesprochen werden, als deutsche Verfassungssubstanz auch im Prozeß der Europäischen Integration erhalten bleiben muß. Dies ist politisch sinnvoll und nach dem deutschen Bundesverfassungsrecht auch geboten. Eine Gefährdung der grundgesetzlichen Verfassungssubstanz durch die Gemeinschaftsorgane kann jedenfalls nicht ausgeschlossen werden; vor allem kann ihr mit Mitteln des Gemeinschaftsrechts nur unvollkommen gewehrt werden, weil dieses – insbesondere das Verfahrensrecht des *EuGH* – nur unvollkommene Sanktionsmittel kennt[83]. Allerdings dürfen diese Erwägungen zur Legitimität der Karlsruher Entscheidungen nicht über Zweifel an der Legalität beider „Solange"-Entscheidungen hinwegtäuschen. „Solange II" hat – vielleicht auch aus Gründen der Senatspsychologie – durch eine günstigere Einschätzung des Grundrechtsschutzes in den Gemeinschaften aufgrund (scheinbar) neuer Tatsachen die Subsumtion, nicht aber die schon „Solange I" zugrundeliegende rechtliche Konstruktion verändert, die nach wie vor von einer grundsätzlichen Überprüfbarkeit von Akten der Gemeinschaftsorgane, insbesondere von sekundärem Gemeinschaftsrecht durch das *BVerfG* ausgeht, das jedenfalls von seinem Grundsatz her nur zur Überprüfung deutscher öffentlicher Gewalt befugt ist. Dies gilt zwar auch für europabezogene Handlungen deutscher Staatsorgane (Hoheitsübertragungen, Einwirkungen auf die Gemeinschaft, Vollzugsakte), nicht aber für die Akte der Gemeinschaftsorgane. So gesehen, beschreiben die „Solange"-Judikate einen Konflikt zwischen nationaler Verfassungslegitimität und gemeinschaftsrechtlicher Vertragslegalität. Dieser Konflikt ist erst dann erledigt, wenn die deutsche Verfassungssubstanz sich im Fundamentalrecht der Gemeinschaften – jedenfalls entsprechend – wiederfindet und auch faktisch dauerhaft durchgesetzt und vergleichbar gesichert wird.

Die neue Linie der Rechtsprechung des *BVerfG* zur Stellung des Gemeinschaftsrechts und des Gerichtshofes der Gemeinschaften innerhalb der deutschen Rechtsordnung mag aus der Sicht der europäischen Integration und im Hinblick auf 1992 durchaus zu begrüßen sein. Gleichwohl bleiben Fragen, über deren Beantwortung erst die künftige Rechtsentwicklung entscheiden kann: Wird der *EuGH* auch ohne das „Damo-

---

[83] Siehe auch *Ress*, Die Verwaltung 20 (1987), 177 (181).

klesschwert" des „Solange I"-Beschlusses[84] an seiner grundrechtsfreundlichen Rechtsprechung festhalten und sie weiterentwickeln? Wird der so gewachsene Bestand an freiheitssicherndem Gemeinschaftsrecht überdauern? Wird die Vorlagepraxis der deutschen Gerichte sich – auch und gerade in grundrechtsrelevanten Fragestellungen – durch die engen Grenzen, die sich das *BVerfG* bezüglich der verfassungsrechtlichen Sanktionierung der Nichtvorlage selbst gesteckt hat, beeinflussen lassen?

Das *BVerfG* hat sich bei seinen jüngsten Entscheidungen von der Überzeugung leiten lassen, es sei nicht zu befürchten, daß sich über die normative Verklammerung des Gemeinschaftsrechts mit den Verfassungen der Mitgliedstaaten ein (aus der Sicht des GG unvertretbares) Absenken des gemeinschaftsrechtlichen Grundrechtsstandards ergäbe[85]. Es hat dabei die Erwartung geäußert, daß der *EuGH* auch künftig nach der bestmöglichen Entfaltung eines Grundrechtsprinzips im Gemeinschaftsrecht trachten wird[86]. Andere sind weniger optimistisch. So wird etwa darauf hingewiesen, daß der Grundrechtsschutz im Gemeinschaftsrecht auf Richterrecht basiere, das von Richtern geschöpft worden sei und von Richtern auch wieder abgeändert werden könne. So wie die völlige Neubesetzung des Zweiten Senates des *BVerfG* gegenüber seiner Besetzung am 29. 5. 1974 zur Korrektur des „Solange I"-Beschlusses von jenem Tage beigetragen haben mag, so wenig tritt man nach dieser Auffassung dem *EuGH* in seiner jetzigen Besetzung zu nahe, wenn man Überlegungen darüber anstellt, ob ein anders besetzter Luxemburger Gerichtshof in ferner Zukunft und unter anderen Umständen das Verhältnis von Individual- und Gemeinschaftsinteressen anders beurteilen könnte[87]. Die Zukunft muß erweisen, welche Auffassung zutrifft. Zu wünschen ist, daß es die des *BVerfG* sein wird.

---

[84] *Ress*, Die Verwaltung 20 (1987), 177 (178).
[85] *BVerfGE* 73, 339 (385) = JZ 1987, 236 mit Anm. *Rupp*.
[86] *BVerfGE* 73, 339 (385); *Zeidler* (Fn. 6), S 738f.
[87] *Stein* (Fn. 21), S. 1723.

Die Beteiligung der Bundesländer an der Setzung europäischen Gemeinschaftsrechts*

Von Detlef Merten

> Am grünen Tische, im bequemen Armstuhl
> Ist's leicht, Gesetze schreiben.
> *E. Madách*

I. Der Föderalismus (Regionalismus) in der EG

1. Die Gründungssituation

An der Wiege der Römischen Verträge hat keine Fee namens Föderalismus oder Regionalismus gestanden. Ihre Abwesenheit ist verständlich. Denn außer der Bundesrepublik Deutschland waren die Gründungsmitglieder der Europäischen Gemeinschaft zentralistische Staaten, für die sich das Föderalismus-Problem nicht stellte. Die deutsche Bundesstaatlichkeit war Ausnahme und hätte deswegen nur schwer in den europäischen Willensbildungsprozeß eingebracht werden können. Zudem trat gerade die Bundesrepublik stärker als andere Mitgliedstaaten für eine echte Integration und nicht nur für eine bloße Konföderation ein. Das hing wiederum mit der besonderen Situation Deutschlands nach dem Zusammenbruch des Dritten Reiches zusammen. In der Annahme, vor den Trümmern der eigenen Geschichte zu stehen, war der Wunsch, die nationale durch eine europäische Staatlichkeit zu überwinden, Teil der Vergangenheitsbewältigung. Wenn aber schon die Kompetenzen des Gesamtstaats der europäischen Integration geopfert werden sollten, bestand um so weniger Anlaß, auf die Kompetenzen der Bundesländer Rücksicht zu nehmen.

Die geschichtliche Entwicklung hat nun gezeigt, daß die Hoffnung auf ein „Vaterland Europa" oder eine „Nation Europa" verfrüht war.

---

* Der Vortrag wurde geringfügig überarbeitet und nur in notwendigem Umfang mit einem wissenschaftlichen Apparat versehen.

Europa ist ein „Europa der Vaterländer" oder ein „Europa der Nationen" geblieben. Gerade weil die Nationalstaaten mitunter so spät geboren wurden, haben sie eine zähe Existenz und werden das dritte Jahrtausend erleben, wenn vielleicht auch nicht durchleben. Deswegen wird ein zentralistisches Europa auf absehbare Zeit Utopie bleiben, und müssen die Europäischen Gemeinschaften notwendigerweise eine gegliederte Struktur haben. Das macht auch der Begriff der „Europäischen Union" deutlich, wie er sich jetzt in der Präambel der „Einheitlichen Europäischen Akte"[1] findet.

So sind die Europäischen Gemeinschaften zweidimensional gegründet worden, und das „tertium non datur", diese Regel der Logik, ist ein Baugesetz des europäischen Gemeinschaftsrechts. Denn dieses kennt nur die erste Dimension der Europäischen Gemeinschaften und die zweite Dimension der Mitgliedstaaten, nicht aber die dritte Dimension der Glieder eines Mitgliedstaats. Nur an einer Stelle gedenkt der EWG-Vertrag möglicher staatlicher Untergliederungen, wenn er in Art. 68 Abs. 3 von der „Finanzierung eines Mitgliedstaates oder seiner Gebietskörperschaften" spricht. Hans-Peter *Ipsen* hat deshalb den Gründungsverträgen der Europäischen Gemeinschaften „Landes-Blindheit" attestiert[2].

Die genannten zwei Dimensionen stehen üblicherweise im Mittelpunkt des Interesses. So ging es auch bei der Ratifizierung der Einheitlichen Europäischen Akte in den Parlamenten der meisten Mitgliedstaaten im wesentlichen um das Verhältnis von europäischer Kooperation und nationaler Souveränität. Letztere spielte vor allem in Dänemark, Großbritannien, Frankreich und Irland eine bedeutende Rolle, weil diese Länder einen Souveränitätsverlust befürchteten, während den Benelux-Staaten sowie Italien und Spanien die Reformen nicht weit genug erschienen[3]. Die föderative bzw. regionale oder autonome Ebene stand im Hintergrund. Sie wurde lediglich bei den parlamentarischen Beratungen in der Bundesrepublik Deutschland angesprochen.

---

[1] BGBl. II 1986, S. 1104.

[2] Als Bundesstaat in der Gemeinschaft, in: Probleme des europäischen Rechts, Festschrift für Hallstein, 1966, S. 248 ff. (256 ff.).

[3] Vgl. *Georg Ress,* EuGRZ 1987, 361 f.

2. Europäischer Kompetenzzuwachs und regionaler Kompetenzverlust

Dennoch ist die „dritte Dimension" keine bloße „querelle allemande". Die Situation in den einzelnen Mitgliedstaaten hat sich seit der Gründerzeit beachtlich gewandelt. Der Zentralismus wird zu Gunsten einer Dezentralisierung oder Regionalisierung zunehmend in Frage gestellt, und das Streben nach Autonomie gewinnt an Bedeutung. Das mag damit zusammenhängen, daß die Normierungs- und Planungseuphorie der 60er und 70er Jahre gescheitert ist und einer Ernüchterung Platz gemacht hat, so daß heute nach Deregulierung gerufen wird. Man entdeckt die „kleinen Einheiten", und Heimatgefühl und Landesbewußtsein sind Gegenstand wissenschaftlicher Kongresse.

Bei den Bemühungen um Dezentralisierung in den Mitgliedstaaten der Europäischen Gemeinschaften sind vor allem die italienischen[4] und französischen Regionen sowie die autonomen Gemeinschaften in Belgien und Spanien zu nennen. Zwar wird man ihnen trotz autonomer Kompetenzen den Charakter von Gliedstaaten noch nicht zuerkennen können, wenn auch in der Literatur z.B. vom „neuen spanischen Föderalismus" gesprochen wird[5]. In Wirklichkeit fehlt es jedoch an echten föderalistischen Strukturen, so daß auch in Spanien in Übereinstimmung mit Art. 2 seiner Verfassung und mit der herrschenden Meinung in der Literatur von einem „Staat der autonomen Gemeinschaften" zu sprechen ist. Unbeschadet dessen stellen sich aber die Probleme der dritten Dimension, d.h. also Fragen des Verhältnisses der Europäischen Gemeinschaften zu den Untergliederungen eines Mitgliedstaates nicht nur für Bundesländer, sondern mutatis mutandis auch für Regionen und autonome Gemeinschaften.

Um welche Probleme handelt es sich nun im einzelnen? Zum einen treten mit zunehmender Europäisierung wegen des Vorrangs des europäischen Gemeinschaftsrechts nationale, aber auch föderative bzw. regionale oder autonome Kompetenzverluste auf. Es läßt sich der Satz aufstellen, daß die Zunahme der EG-Kompetenzen eine Abnahme föderativer bzw. regionaler oder autonomer Kompetenzen bewirkt. Zum anderen

---

[4] Hierzu *Sabino Cassese / Donatello Serrani*, Moderner Regionalismus in Italien, in: Jahrbuch des öffentlichen Rechts, Bd. 27 (1978), S. 23f.

[5] *Gumersindo Trujillo Fernandez*, Der neue spanische Föderalismus, in: Deutsch-Spanisches Verfassungsrechts-Kolloquium vom 18.-20. Juni 1980 in Berlin, hrsg. von Albrecht Randelzhofer, 1982, S. 115ff.

haben die Bundesländer der Bundesrepublik Deutschland oder die Regionen oder autonomen Gemeinschaften anderer Mitgliedstaaten im Unterschied zu den jeweiligen nationalen Regierungen keine Möglichkeit, auf den europäischen Willensbildungs- und Rechtssetzungsprozeß einzuwirken.

a) Die Regelungsdichte des europäischen Gemeinschaftsrechts resultiert aus einer extensiven Kompetenznutzung und einer zusätzlichen Kompetenzübertragung. Der europäische Gesetzgeber nutzt seine Befugnisse teilweise sehr intensiv und nicht nur subsidiär. Darüber hinaus haben die Europäischen Gemeinschaften durch die Einheitliche Europäische Akte von 1986 auf dem Wege zu einer Europäischen Union eine Reihe weiterer Kompetenzen, z.B. auf dem Gebiet des Umweltrechts, erhalten. Gerade diese Befugnisse standen jedoch ursprünglich den föderativen oder autonomen Gebietskörperschaften zu. So hat auf den Gebieten des Naturschutzes, der Landschaftspflege, der Raumordnung und des Wasserhaushalts nach dem Grundgesetz der Bund nur eine Rahmenkompetenz (Art. 75 GG), während die Detailkompetenz bei den Ländern verbleibt. In den Bereichen der Abfallbeseitigung, der Luftreinhaltung und der Lärmbekämpfung ist dem Bund zwar 1972 die konkurrierende Gesetzgebungskompetenz übertragen worden. Da er jedoch, z.B. auf dem Gebiet der Lärmbekämpfung, noch keine abschließende Regelung erlassen hat, dürfen die Länder hier weiter gesetzgeberisch tätig sein. In Spanien können nach Art. 148 Abs. 1 seiner Verfassung die autonomen Gemeinschaften Zuständigkeiten auf den Gebieten der Durchführung des Umweltschutzes, aber auch des Jagdwesens und des Flußfischfangs übernehmen.

Gerade im Umweltschutz kann es also in Zukunft zu Kollisionen zwischen dem europäischen Gemeinschaftsrecht und dem föderativen oder autonomen Recht kommen. Zwar hat man den Konflikt dadurch zu entschärfen versucht, daß nach Art. 130 Abs. 4 des EWG-Vertrags die Gemeinschaft im Bereich der Umwelt nur insoweit tätig werden darf, als die Ziele der Umweltpolitik *besser* auf Gemeinschaftsebene als auf der Ebene der einzelnen Mitgliedstaaten erreicht werden können. Diese Subsidiaritätsklausel bietet jedoch insbesondere wegen der ungenauen Abgrenzung und der unbestimmten Rechtsbegriffe keinen hinreichenden Schutz. Wenn die Europäischen Gemeinschaften im Rahmen ihrer Kompetenz Gemeinschaftsrecht erlassen, so bricht dieses nicht nur nationales, sondern auch föderatives und autonomes Recht. Aber auch wenn die europäischen Organe kompetenzüberschreitend und damit rechtswidrig tätig werden, haben, wie noch zu zeigen sein wird, zwar die Mitgliedstaaten, nicht aber deren Untergliederungen, also nicht die Länder oder autonomen Gemeinschaften, die Möglichkeit, die Kompetenzüberschreitung vor dem Europäischen Gerichtshof anzufechten.

Für die Länder der Bundesrepublik Deutschland kommt hinzu, daß sie Kompetenzen nicht nur an die Europäischen Gemeinschaften, sondern auch an den Gesamtstaat verloren haben. So waren bei der Beamtenbesoldung, der wirtschaftlichen Sicherung der Krankenhäuser und den schon genannten Bereichen der Abfallbeseitigung, der Luftreinhaltung und der Lärmbekämpfung bundeseinheitliche Regelungen notwendig und Verfassungsänderungen zum Nachteil der Länder unabweisbar. Selbst ihre sogenannten ausschließlichen Gesetzgebungsmaterien konnten die Länder nicht unangetastet bewahren. Obwohl der Bund auf diesen Gebieten keine Gesetze erlassen kann, hat er die Länder in einigen Fällen, z.B. beim Verfahrensrecht und Polizeirecht, durch „Musterentwürfe" wenn auch nicht rechtlich, so doch faktisch präjudiziert. Die Entwürfe hatten Bund-Länder-Kommissionen, in denen zwar die Länderexekutiven, nicht aber die Landesparlamente vertreten waren, im Interesse gleichlautenden Landesrechts erarbeitet. Die Landesparlamente standen dann unter dem faktischen Zwang, die Musterentwürfe anzunehmen, wenn sie nicht die Bundeseinheitlichkeit durchbrechen wollten, was allerdings in einigen Fällen geschah.

b) Das zweite Problem hatten wir dahin umschrieben, daß bei einer Europäisierung staatlicher Kompetenzen nur der Mitgliedstaat als solcher über seine Mitwirkung in den EG-Organen Einfluß auf das sekundäre europäische Gemeinschaftsrecht hat und im Falle der Kompetenzüberschreitung den Europäischen Gerichtshof anrufen kann, daß diese Befugnisse aber nicht den Untergliederungen eines Mitgliedstaates, also nicht den Ländern, Regionen oder autonomen Gemeinschaften zustehen. Der Grund hierfür liegt darin, daß in den EG-Organen die Mitgliedstaaten durch ihre Vertreter handeln, staatliche Untergliederungen aber nicht repräsentiert sind. So besteht der Rat nach Art. 2. Abs. 2 Satz 1 des sog. Fusionsvertrages „aus Vertretern der Mitgliedstaaten", und dieselbe Vorschrift bestimmt in ihrem Satz 2, daß jede Regierung „eines ihrer Mitglieder" entsendet. Daraus folgt zwingend, daß der Mitgliedstaat jeweils nur durch einen Vertreter der Regierung des Gesamtstaates, nicht eines Teilstaates repräsentiert werden kann. Auf die Beschlüsse des

Rates, insbesondere auf die Setzung des sekundären Gemeinschaftsrechts kann daher nur der Mitgliedstaat als solcher unmittelbaren Einfluß nehmen[6]. Ferner kann nur ein Mitgliedstaat gemäß Art. 173 Abs. 1 des EWG-Vertrages Klagen wegen Kompetenzüberschreitung, also wegen Unzuständigkeit, Verletzung wesentlicher Formvorschriften, Verletzung des Vertrages usw. erheben. Länder, Regionen oder autonome Gemeinschaften können in keinem Falle an der unmittelbaren Beschlußfassung der EG-Organe beteiligt werden. Das schließt zwar nicht aus, daß Vertreter der Untergliederungen als „Beobachter" ohne Stimmrecht in den EG-Organen mitwirken, hängt jedoch von der Entscheidung des jeweiligen Mitgliedstaates ab.

3. Zur Beteiligung der Regionen

Die bisherige Diagnose hat ergeben, daß mit zunehmender Europäisierung ein Kompetenzverlust auf der „dritten Ebene" auftritt. Er wird nicht ausgeglichen, da staatliche Untergliederungen nicht an der Beschlußfassung der EG-Organe teilnehmen können. Insoweit unterscheidet sich der regionale vom nationalstaatlichen Kompetenzverlust. Denn die Mitgliedstaaten erhalten bei der Übertragung von Hoheitsbefugnissen ein Mitspracherecht in den EG-Organen, wenn sie hier auch überstimmt werden können.

Will man es nicht bei der Diagnose bewenden, sondern eine Therapie folgen lassen, so ist zu untersuchen, wie dem Gesetz der abnehmenden Kompetenzen bei föderativen, regionalen oder autonomen Untergliederungen zu begegnen ist, insbesondere ob sie an der europäischen Willensbildung beteiligt und zumindest in den sie betreffenden Kompetenzangelegenheiten oder in Fragen von zentraler Bedeutung in die Beschlußfassung der EG-Organe institutionell eingebunden werden können.

Schon seit 1950 besteht eine europäische Kommunalkonferenz, die 1975 zur „Konferenz der Gemeinden und Regionen von Europa" („Conference of local and regional authorities of Europe") erweitert wurde und eine angemessene Repräsentation lokaler und regionaler Gebietskörperschaften in den Mitgliedstaaten sicherstellen soll. In diesem Zusammenhang ist es eine reine „querelle allemande", ob die regionale Ebene von den kommunalen Verbänden und Gemeinden oder von den Ländern und

---

[6] Vgl. *Ress*, EuGRZ 1986, S. 551f.

ihren Parlamenten repräsentiert werden soll. Nach Auffassung der Konferenz der deutschen Landtagspräsidenten kommt in einer bundesstaatlichen Ordnung am ehesten den Landesparlamenten die Aufgabe einer Vertretung der regionalen Ebene zu.

Die Kommunalkonferenz könnte Anlaß sein, über eine Erweiterung des europäischen Parlaments zu einem „Zwei-Kammer-System" nachzudenken und dem jetzigen europäischen Parlament eine Regionenkammer zur Seite zu stellen. Hierfür müßten die EG-Verträge geändert werden. Die politische Realisierung dürfte nicht zuletzt davon abhängen, ob sich föderative oder regionale Tendenzen in den bisher zentralistisch organisierten Mitgliedstaaten verstärken.

Eine Änderung des primären europäischen Gemeinschaftsrechts wäre ebenfalls erforderlich, wenn man Vertreter der Länder bzw. der Regionen und autonomen Gemeinschaften in den Entscheidungsprozeß der EG-Organe, insbesondere in den des Rates der EG, einbinden wollte. Hier wäre zudem sicherzustellen, daß bei einer Beteiligung von Vertretern staatlicher Untergliederungen die Stimmabgabe für jeden Mitgliedstaat einheitlich erfolgt, damit föderalistisch organisierte Mitgliedstaaten sich wegen der Gefahr einer Stimmenzersplitterung nicht von vornherein in einer schlechteren Position als zentralistisch verfaßte Mitgliedstaaten befinden.

Die europarechtlichen Probleme sind durch die Einsetzung eines „Beirats der regionalen und lokalen Gebietskörperschaften" bei der Kommission der Europäischen Gemeinschaften[7] nicht gelöst worden. Denn zum einen beschränkt sich die Funktion dieses Beirats darauf, „angehört (zu) werden", was zudem im Ermessen der Kommission steht[8], und zum anderen werden die Mitglieder des Beirats „auf gemeinsamen Vorschlag der Versammlung der Regionen Europas, des Internationalen Gemeindeverbands und des Rates der Gemeinden und Regionen Europas" von der Kommission bestellt[9], so daß die Länder der Bundesrepublik Deutschland nicht ihrer Bedeutung entsprechend vertreten sind.

---

[7] Beschluß der Kommission vom 24. 6. 1988, Amtsblatt der Europäischen Gemeinschaften Nr. L 247 vom 6. 9. 1988, S. 23. Zur Zusammensetzung des Beirats vgl. Amtsblatt der Europäischen Gemeinschaften Nr. C 26 vom 1. 2. 1989, S. 4.

[8] Art. 2 des Beschlusses.

[9] Art. 3 Abs. 2 des Beschlusses.

II. Europäische Integration und Föderalismus nach deutschem Verfassungsrecht

1. „Integrationshebel" und „Föderalismusanker"

Unbeschadet europarechtlicher Lösungen ist zu prüfen, ob die Zunahme europäischer Kompetenzen zu Lasten föderativer Befugnisse auch nach nationalem Verfassungsrecht unaufhaltsam ist. Sicherlich ist die Stellung der Länder bei einer außerstaatlichen Kompetenzverlagerung wesentlich schwächer als bei einer innerstaatlichen, weil erstere im Gegensatz zu letzterer keiner Verfassungsänderung bedarf. Für die Kompetenzverlagerung auf die europäischen Gemeinschaften wirkt Art. 24 Abs. 1 GG, um einen anderen Begriff *Ipsens*[10] zu gebrauchen, als „Integrationshebel". Überträgt der Bund durch Gesetz Hoheitsrechte auf zwischenstaatliche Einrichtungen, wofür eine Zustimmung des Bundesrates nicht vorgesehen ist, so darf er nach herrschender Auffassung nicht nur eigene Hoheitsrechte, sondern auch solche der Länder preisgeben. So sehr im innerstaatlichen Bereich auf eine exakte Trennung der Kompetenzen von Bund und Ländern geachtet wird, so wenig geschieht dies bei einer europäischen Integration oder Kooperation, so daß die verfassungsrechtlich den Ländern zugewiesenen Kompetenzen zwar bundesstaatsfest, nicht aber europafest sind.

Allerdings sind der Europafreudigkeit des Bundes wenn auch nicht specialiter, so doch generaliter Grenzen gezogen. Art. 79 Abs. 3 GG, der die Gliederung des Bundes in Länder und deren grundsätzliche Mitwirkung bei der Gesetzgebung vorsieht, hat als „Ewigkeitsklausel" innerhalb der Verfassung einen höheren Rang als die Integrationsbestimmung des Art. 24 GG. Er stellt einen, wie ich ihn nennen möchte, „Föderalismusanker" dar, der dem „Integrationshebel" des Art. 24 GG entgegenwirkt. Auch nach der Rechtsprechung des *Bundesverfassungsgerichts* findet die Kompetenzübertragung nach Art. 24 Abs. 1 GG ihre Grenze in der „Identität der geltenden Verfassungsordnung", ihrem „Grundgefüge" und den „wesentlichen", „sie konstituierenden Strukturen"[11]. Wegen Art. 79 Abs. 3 GG muß der Bund nicht nur die Bundesstaatlichkeit, sondern auch ein Mindestmaß ausschließlicher Gesetzgebungskompetenzen der Länder erhalten, damit diese noch grundsätzlich bei der

---

[10] Europäisches Gemeinschaftsrecht, 1972, S. 58.
[11] *BVerfGE 73*, 339 (375 f.); 37, 271 (279 f.).

Gesetzgebung mitwirken, wie das Verfassungsgesetz es befiehlt. Zum föderativen Existenzminimum gehört nicht nur die Autonomie der Länder hinsichtlich ihres Verfassungsorganisationsrechts, sondern – als kompetentielles Spiegelbild der Wesensgehaltsgarantie des Art. 19 Abs. 2 GG – ein Kernbestand an eigener, richtungweisender und nicht nur lückenfüllender Gesetzgebung.

2. Kompetenzausweitung des Bundesrates wegen Kompetenzschwäche der Länder?

Der außerstaatlichen Kompetenzschwäche der Länder versucht man durch innerstaatliche Kompetenzausweitung des Bundesrats zu begegnen. Gestützt auf Art. 50 GG, wonach die Länder durch den Bundesrat bei der Gesetzgebung und Verwaltung des Bundes mitwirken, räumt *Grabitz*[12] dem Bundesrat auch ein Mitwirkungsrecht bei der Wahrnehmung der EG-Mitgliedschaft durch den Bund ein. Die These stößt jedoch zu Recht nicht auf allgemeine Zustimmung, weil Art. 50 GG nur für die innerstaatliche Gesetzgebung und Verwaltung, nicht aber für die auswärtigen Beziehungen gilt. Deren Pflege ist im allgemeinen gemäß Art. 32 GG Sache des Bundes, wobei den Ländern spezielle Mitwirkungsrechte eingeräumt sind. Für den besonderen Fall der Beziehungen zu zwischenstaatlichen Einrichtungen und der Übertragung von Hoheitsrechten auf diese ist Art. 24 Abs. 1 GG lex specialis, so daß für Art. 50 GG sowohl neben Art. 32 als auch neben Art. 24 Abs. 1 GG kein Raum ist.

Diese Normenzuordnung wird durch die Rechtsprechung des *Bundesverfassungsgerichts* bestätigt. Es hat in seiner Entscheidung über die Stationierung amerikanischer Mittelstreckenraketen in Deutschland eine Erweiterung der dem Bundestag ausdrücklich eingeräumten Mitwirkungsbefugnisse bei der staatlichen Willensbildung im Bereich der auswärtigen Beziehungen als einen Einbruch in zentrale Gestaltungsbereiche der Exekutive und einen Verstoß gegen die grundgesetzliche Verteilung von Macht, Verantwortung und Kontrolle abgelehnt[13]. Hierbei hat es gerade Art. 24 Abs. 1 GG als eine abschließende Regelung bezeichnet, neben der sich Gesetzgebungsbefugnisse des Bundestages

---

[12] Die deutschen Länder in der EG-Politik: verfassungsrechtliche Grundlagen, in: R. Hrbek / U. Thaysen (Hrsg.), Die Deutschen Länder und die Europäischen Gemeinschaften, 1986, S. 169, 174 ff.
[13] *BVerfGE 68*, S. 1 ff., Leitsatz 1a.

nicht aus anderen Prinzipien oder aus der Bedeutung und Tragweite einer Entscheidung für das Staatsganze ergeben könnten[14]. Die Ausführungen für das Verhältnis von Bundestag und Bundesregierung sind erst recht auf das Verhältnis von Bundesrat und Bundesregierung anzuwenden. Wenn schon der „Ersten Kammer" bei der Integrationsvorschrift des Art. 24 Abs. 1 GG nur ausdrücklich eingeräumte Kompetenzen zustehen, muß dies auch für die „Zweite Kammer" gelten.

3. Das Erforderlichkeitsprinzip als Schranke für Kompetenztransfer

Schranken für einen Kompetenztransfer lassen sich nicht nur von außen an Art. 24 Abs. 1 GG herantragen, sondern auch aus der Vorschrift selbst gewinnen. Auch das *Bundesverfassungsgericht*[15] will die Vorschrift nicht „wörtlich" nehmen und sieht in ihr Grenzen, insbesondere bei Antastung „wesentlicher Strukturen", wobei sich gegen diese Differenzierung – ähnlich wie gegen die „Wesentlichkeitstheorie" – der Einwand erhebt, nach welchen Kriterien „Wesentliches" von „Unwesentlichem" abgegrenzt werden soll. Dessen ungeachtet hilft der Ansatz bei Art. 24 Abs. 1 GG weiter.

Auch wenn man mit der herrschenden Meinung den Kompetenztransfer nicht auf Bundeskompetenzen beschränkt, macht es schon der Natur der Sache nach einen Unterschied, ob der Bund eigene Hoheitsrechte oder solche der Länder überträgt. Denn im einen Falle verfügt er über eigene Kompetenzen oder nimmt, dogmatisch exakter, den Herrschaftsanspruch im Wege der Selbstbeschränkung zurück[16], im anderen Falle tastet er fremde Kompetenzen an und übt Fremdbeschränkung. Darüber hinaus wird, wie schon ausgeführt, für den Bund die innerstaatliche Selbstbeschränkung durch eine zwischenstaatliche Mitbestimmung ausgeglichen, während der Kompetenzverlust für die Länder ohne Kompensation bleibt. Im Gegenteil: in diesem Falle erhält der Bund mittels eines außerstaatlichen Umwegs als Mitgliedstaat einen Kompetenzzuwachs, der ihm auf direktem innerstaatlichem Weg ohne Verfassungsänderung verwehrt wäre.

---

[14] A.a.O., Leitsatz 4.
[15] *E 37*, 271 (279 sub B I 3).
[16] *BVerfGE 37*, 271 (280).

Bei der Differenzierung zwischen Bundes- und Länderkompetenzen fällt zudem ins Gewicht, daß diese nicht gleichgewichtig, sondern ungleichgewichtig nebeneinander stehen. Denn das Grundgesetz hat in Art. 70 Abs. 1 und 30 eine generelle Länderkompetenz und eine spezielle Bundeszuweisung verankert und damit ein Regel-Ausnahme-Prinzip statuiert, wenn sich auch in der Verfassungswirklichkeit die Akzente verschoben haben. Nur soweit für den Gesamtstaat erforderlich, sollen dem Bund Kompetenzen zustehen, was für den Bereich der konkurrierenden Gesetzgebung die vom Bundesverfassungsgericht zu Unrecht weginterpretierte „Bedürfnis"-Klausel des Art. 72. Abs. 2 GG verdeutlicht. Wie sich für die Grundrechte aus dem Verhältnis von grundsätzlicher Freiheitsverbürgung und spezieller Beschränkungsermächtigung der Verhältnismäßigkeitsgrundsatz[17] als „Schrankenschranke"[18] gewinnen läßt, so kommt gleichsam als organisationsrechtliche Kehrseite in der Relation von grundsätzlicher Länderzuständigkeit und spezieller Bundeszuweisung ein legistisches Erforderlichkeitsprinzip zum Ausdruck, das sicherlich eine der wesentlichen Strukturen des Staatsorganisationsrechts darstellt.

Dieses innerstaatliche Prinzip ist nun auch im außerstaatlichen Bereich anwendbar, insbesondere wenn man nicht am Wortlaut des Art. 24 Abs. 1 GG haften bleibt, sondern seinen Sinn und Zweck ermittelt. Ziel der Integrationsvorschrift kann nicht eine Totalübertragung der Hoheitsrechte bzw. eine totale Rücknahme des staatlichen Herrschaftsanspruchs im Geltungsbereich des Grundgesetzes mit der Folge einer Preisgabe der Eigenstaatlichkeit und Bundesstaatlichkeit sein, weil dem die unüberwindbare Hürde des Art. 79 Abs. 3 GG entgegenstünde. Das auch in der Präambel des Grundgesetzes angesprochene „vereinte Europa" kann daher von vornherein nicht ein zentralistischer europäischer Einheitsstaat sein, weshalb auch die Präambel die Wahrung der nationalen und staatlichen Einheit Deutschlands proklamiert. Wenn aber die zwischenstaatliche Institution im Sinne des Art. 24 Abs. 1 GG keine Gleichschaltung von Anatolien bis zu den Kanarischen Inseln, von Nordirland bis Sizilien schaffen soll, dann können die zu übertragenden Hoheitsrechte nur solche sein, die für eine europäische Kooperation benötigt werden. Es kann also von der Kompetenz-Gesamtmenge nur die

---

[17] Vgl. *Merten*, Rechtsstaat und Gewaltmonopol, 1975, S. 62. Gelegentlich erkennt dies auch das *Bundesverfassungsgericht*, vgl. E 19, 342 (349).
[18] *Bettermann*, Grenzen der Grundrechte, 1968, S. 5.

europarelevante Kompetenz-Teilmenge gemeint sein, wobei für eine Übertragung naturgemäß eher Bundes- als Landeskompetenzen in Betracht kommen. Europarelevant sind aber nur diejenigen Hoheitsrechte, die für eine staatenübergreifende europäische Kooperation oder Harmonisierung benötigt werden. Bei dieser teleologischen Reduktion zeigt sich, daß das Erforderlichkeitsprinzip dem Art. 24 Abs. 1 GG immanent ist. Umweltschutz kann sicherlich dann nicht lokal, regional oder national betrieben werden, wenn Emissionen grenzüberschreitend wirken. Andererseits kommt es beispielsweise für die Jagd auf Rabenvögel oder den Schutz des Grundwassers auf die örtlichen Gegebenheiten an, so daß einheitliche europäische Rechtsvorschriften über Jagd- oder Düngeverbote nicht nur nicht erforderlich, sondern wegen der ganz unterschiedlichen örtlichen Verhältnisse sinnlos sind. Es können nicht alle Fragen Europas an einem einzigen „grünen Tisch" entschieden werden, auch wenn er mit Brüsseler Spitzen garniert ist. Daher war es nicht nur eine Frage politischer Zweckmäßigkeit, sondern deutscher Verfassungsnotwendigkeit, den Europäischen Gemeinschaften in Art. 25 der Einheitlichen Europäischen Akte Umweltkompetenzen nur insoweit zu übertragen, als die Ziele der Umweltpolitik „besser auf Gemeinschaftsebene erreicht werden können als auf der Ebene der einzelnen Mitgliedstaaten".

Das Erforderlichkeitsprinzip als Schranke für die Übertragung von Landeskompetenzen eröffnet einen gangbaren Mittelweg zwischen der Sackgasse der Europafestigkeit aller Landeskompetenzen einerseits und dem Saumpfad eines föderalistischen Existenzminimums nach Art. 79 Abs. 3 GG. Müßte die Bundesrepublik bei einer Kompetenzübertragung nach Art. 24 Abs. 1 GG auf ihre innerstaatliche Kompetenzverteilung Rücksicht nehmen und würden dies auch alle anderen Mitgliedstaaten tun, wäre eine Europäisierung von Kompetenzen angesichts unterschiedlicher Kompetenzverteilung in den einzelnen Mitgliedstaaten zumindest erheblich erschwert. Andererseits ist die Einräumung lokaler, regionaler oder gliedstaatlicher Zuständigkeiten ein Indiz dafür, daß die betreffenden Angelegenheiten nach Auffassung des Mitgliedstaates besser von kleineren Einheiten als vom Gesamtstaat zu erledigen sind. Dann bedarf es einer Übertragung derartiger Kompetenzen auf die europäischen Gemeinschaften aber nur dann, wenn diese z.B. zur Wahrnehmung von Querschnittsfunktionen derartiger Hoheitsrechte unumgänglich bedürfen.

III. Kompensation durch Beteiligung an innerstaatlicher Willensbildung

1. Kompensation als Rechtsanspruch oder politisches Zugeständnis?

Für den Normalfall eines Kompetenzverlusts infolge Kompetenzübertragung auf außerstaatliche Instanzen nach Art. 24 Abs. 1 GG stehen den Ländern Kompensationsansprüche nicht zu, wie sie auch bei innerstaatlicher Kompetenzverlagerung von den Ländern auf den Bund grundsätzlich mangeln. Nur weil eine Verfassungsänderung der Mitwirkung des Bundesrates bedarf, haben die Länder politisch die Möglichkeit, einen Ausgleich für die Kompetenzaufgabe z.B. durch das Erfordernis einer Zustimmung des Bundesrates zu verlangen, wie dies beispielsweise bei Art. 74a GG geschehen ist. Eine echte Kompensation, d.h. einen gleichwertigen Ausgleich stellt aber auch diese Lösung nicht dar, weil das alleinige Entscheidungsrecht der Länder zu einem Mitwirkungsrecht im Bundesrat geschrumpft ist.

Verneint man ein im Schrifttum[19] erörtertes Recht auf Kompensation, ist Kompetenzverlust – um ein Wort Fritz *Werners* aufzunehmen – also kein „einklagbarer Rechtsverlust", so kann ein Ausgleich nur durch freiwillige politische Zugeständnisse erreicht werden. Freiwillig kann der Bund z.B. durch einfaches Bundesgesetz „Formen der Einflußnahme der Länder auf die Bildung des Bundeswillens" einführen, soweit nicht ausdrückliche Vorschriften des Grundgesetzes entgegenstehen oder Bundeskompetenzen ihrer Natur nach nicht beschränkbar sind[20].

2. Bundesratsmodell statt Länderbeteiligungsverfahrens

Eine Kompensation für Kompetenzverluste durch Beteiligung an der innerstaatlichen Willensbildung ist allein Sache der Mitgliedstaaten und nicht der Europäischen Gemeinschaften, solange sich die nationale Regelung auf die interne Willensbildung beschränkt und nicht auf die externe Willensbildung in den EG-Organen übergreift. Die Mitgliedstaaten haben lediglich darauf zu achten, daß die Entscheidungen in den EG-Organen durch die innerstaatliche Willensbildung nicht in unzumut-

---

[19] Vgl. *Eckart Klein*, Die Kompetenz- und Rechtskompensation, in: DVBl. 1981, S. 661 ff., insbes. S. 664 und 665.
[20] So *BVerfGE 1*, 299 (311).

barer Weise erschwert werden. Ferner sind die Mitgliedstaaten gemäß Art. 5 des EWG-Vertrags gehalten, alle geeigneten Maßnahmen zur Erfüllung der Verpflichtungen aus dem EWG-Vertrag zu treffen.

a) Das Länderbeteiligungsverfahren

Eine Beteiligung der Länder an der innerstaatlichen Willensbildung war 1979 durch eine Erklärung des damaligen Bundeskanzlers und des damaligen Vorsitzenden der Ministerpräsidentenkonferenz eingeführt worden[21]. Bei EG-Vorhaben, die ganz oder in einzelnen Bestimmungen in die ausschließliche Kompetenz der Länder fielen oder ihre wesentlichen Interessen berührten, wollten Bund und Länder eng und vertrauensvoll zusammenarbeiten. Die Länder sollten über entsprechende EG-Vorhaben rechtzeitig informiert werden, eine einheitliche Haltung anstreben und diese in angemessener Frist mitteilen. Der Bund wollte sich seinerseits bemühen, mit den Ländern zu einem einvernehmlichen Standpunkt zu gelangen und diesen in den EG-Verhandlungen so weit wie möglich einzubringen und durchzusetzen. Vom Willen der Länder wollte der Bund nur aus zwingenden außen- und integrationspolitischen Gründen abweichen.

Die Lösung hat sich aus mehreren Gründen nicht bewährt. Zum einen war die Information der Länder schlecht und unzureichend. Zum anderen machte die Beteiligung aller Länder einstimmige Beschlüsse erforderlich, was zu einer Schwerfälligkeit des Verfahrens führte.

b) Das Bundesratsmodell

Wegen der Schwierigkeiten des Länderbeteiligungsverfahrens wurde 1986 das Bundesratsmodell eingeführt. Anlaß war die notwendige Ratifizierung der Einheitlichen Europäischen Akte. Der Bundesrat hielt das Ratifizierungsgesetz für zustimmungspflichtig. Die Bundesregierung war zwar grundsätzlich anderer Auffassung, schloß sich aber im Ergebnis der Auffassung des Bundesrates an. Wegen der nunmehr allseits für

---

[21] Abgedruckt bei *Rudolf Morawitz*, Die Zusammenarbeit von Bund und Ländern bei Vorhaben der Europäischen Gemeinschaft, 1981, S. 102ff.; ebenso bei *Stefan Schmidt-Meinecke*, Bundesländer und Europäische Gemeinschaft, Speyerer Forschungsberichte Bd. 59, 2. Aufl. 1988, S. 87ff.

erforderlich gehaltenen Zustimmung des Bundesrates war der Weg für politische Tauschgeschäfte frei. Das Resultat war Art. 2 des Zustimmungsgesetzes[22], wonach die Bundesregierung vor ihrer Zustimmung bei Beschlüssen der Europäischen Gemeinschaften, die ganz oder in einzelnen Bestimmungen ausschließliche Gesetzgebungsmaterien der Länder betreffen oder deren wesentliche Interessen berühren, dem Bundesrat Gelegenheit zur Stellungnahme binnen angemessener Frist gibt und diese dann bei den Verhandlungen berücksichtigt. Soweit es um ausschließliche Gesetzgebungsmaterien der Länder geht, darf die Bundesregierung von der Stellungnahme des Bundesrates nur aus unabweisbaren außen- und integrationspolitischen Gründen abweichen.

Mit dieser Regelung ist die Beteiligung der Bundesländer in EG-Angelegenheiten effektiver geworden. Zum einen steht mit dem Bundesrat ein institutionell verankertes Bundesorgan zur Verfügung, das schneller informiert werden und seine Beschlüsse zügiger fassen kann, als dies bei der bisherigen Beteiligung aller Länder der Fall war. Zum anderen hat die Bundesregierung sich an die Stellungnahme des Bundesrates in einer Weise gebunden, die manchem schon wegen der alleinigen Verantwortung der Bundesregierung für die auswärtigen Beziehungen bedenklich erscheint[23]. Verletzt die Bundesregierung ihre innerstaatlichen Verpflichtungen, so ist ihre Stimmabgabe in den EG-Organen zwar nicht unwirksam, sie kann jedoch deswegen innerstaatlich vor dem Bundesverfassungsgericht belangt werden. Grundlage hierfür ist der sonst „fast bedeutungslose"[24] Art. 93 Abs. 1 Nr. 4 1. Alt. GG, wonach das Bundes-

---

[22] Gesetz zur Einheitlichen Europäischen Akte vom 28. Februar 1986 vom 19. Dezember 1986 (BGBl. II S. 1102). Hierzu *Georg Ress*, EuGRZ 1987, S. 361 ff.; *Maria Jesús Montoro Chiner*, La Ley alemana de ratificación del Acta Unica Europea de 19 de diciembre de 1986 y la participación de los Länder en la formación de decisiones comunitarias, in: Civitas, Revista española de Derecho Administrativo Bd. 55, 1987, S. 371 ff.

[23] Vgl. *Ress* (Anm. 22) S. 367.

[24] So *Christian Pestalozza*, Verfassungsprozeßrecht, 2. Aufl. 1982, S. 72; ähnlich *Leibholz / Rupprecht*, Bundesverfassungsgerichtsgesetz, 1968, vor § 71, Rdnr. 2; *Klaus Schlaich*, Das Bundesverfassungsgericht, 1985, S. 56 sub II 1. Zur Möglichkeit verfassungsrechtlicher Streitigkeiten außerhalb der Meinungsverschiedenheiten über grundgesetzliche Rechte und Pflichten vgl. *Walter Leisner*, Der Bund-Länder-Streit vor dem Bundesverfassungsgericht, in: Bundesverfassungsgericht und Grundgesetz, Bd. I, 1976, S. 284 ff.; *Wolfgang Meyer*, in: von Münch (Hrsg.), Grundgesetz-Kommentar, Bd. III, 2. Aufl. 1983, Art. 93, Rdnr. 48 ff.; *Klaus Stern*, in: Bonner Kommentar (Zweitbearb.), Art. 93, Rdnr. 375 ff.; *dens.*, Das Staatsrecht der Bundesrepublik Deutschland, Bd. II, 1980, S. 1001.

verfassungsgericht „in anderen öffentlich-rechtlichen Streitigkeiten zwischen dem Bunde und den Ländern" entscheidet, „soweit nicht ein anderer Rechtsweg gegeben ist". Art. 93 Abs. 1 Nr. 4 1. Alt. GG ist deshalb einschlägig, weil es sich bei Streitigkeiten aus Art. 2 des Zustimmungsgesetzes wegen dessen Gesetzesrangs nicht um eine verfassungsgesetzliche Streitigkeit (arg. §§ 69, 64 Abs. 2 BVerfGG) handelt, für die das Bundesverfassungsgericht nach Art. 93 Abs. 1 Nr. 3 GG zuständig wäre, andererseits aber auch der Verwaltungsrechtsweg nicht eröffnet ist, so daß eben eine „andere" öffentlich-rechtliche Streitigkeit vorliegt, die von der Auffangfunktion des Art. 93 Abs. 1 Nr. 4 1. Alt. GG erfaßt wird. Art. 2 des Zustimmungsgesetzes kann also noch zu einem Lehrbuchbeispiel für die Anwendbarkeit des Art. 93 Abs. 1 Nr. 4 1. Alt. GG avancieren. Das Bundesratsmodell hat allerdings auch einen entscheidenden Nachteil für die Länder. Anders als das Länderbeteiligungsverfahren bedingt das Bundesratsmodell Mehrheitsentscheidungen, so daß einzelne Länder, auch wenn sie eine unzumutbare Antastung ihrer ausschließlichen Kompetenzen rügen, majorisiert werden können. Diese Gefahr nimmt zu, wenn sowohl im Bundestag als auch im Bundesrat dieselben Parteien bzw. Koalitionen über die Mehrheit verfügen, so daß Bundesregierung und Bundesratsmehrheit dieselben politischen Ziele verfolgen. Insoweit hat beim Bundesratsmodell die Autonomie ein Opfer zu Gunsten der Effektivität gebracht.

Das gesetzlich nunmehr vorgesehene Gebot umfassender und frühestmöglicher Information des Bundesrates macht die von den einzelnen Bundesländern in Brüssel unterhaltenen sogenannten Länderbüros[25] und die von den Ländern geschaffene Institution des „Länderbeobachters" nicht überflüssig. Zum einen ist abzuwarten, ob die vielen Beanstandungen unterbliebener oder verspäteter Information in Zukunft nachlassen werden. Zum anderen besteht ein berechtigtes Interesse der Länder daran, auf den Gebieten ihrer ausschließlichen Gesetzgebungskompetenz oder bei Fällen von wesentlichem Interesse rechtzeitig über EG-Vorhaben unterrichtet zu werden, auch wenn die Gedanken und Erwägungen der EG-Bürokratie sich noch nicht zu Drucksachen ver-

---

[25] Hierzu *Michael Borchmann*, Bundesstaat und europäische Integration, in: AöR Bd. 112 (1987), S. 586 ff. (596 ff.); ders., Verbindungsbüros der Bundesländer bei der EG – Berechtigte Interessenvertretung oder Nebenaußenpolitik?, in: NVwZ 1988, S. 218 ff.; *Ress* (Anm. 22) S. 366 f.; *Bernhard Vogel*, Gibt es eine Außenpolitik der Länder?, in: Politik, Philosophie, Praxis, Hennis-Festschrift 1988, S. 477 ff.

dichtet haben. Dieses „fishing for informations" ist Aufgabe insbesondere des Länderbeobachters. Die gegen die deutschen Bundesländer mitunter erhobenen Vorwürfe, sie betrieben „Nebenaußenpolitik" oder „Kirchtumspolitik", erscheinen ungerechtfertigt. Gerade wenn es um ureigene Länderkompetenzen geht, müssen die Länder sich rechtzeitig gegen eine allzu zentralistische und normierungsfreudige EG-Bürokratie zur Wehr setzen dürfen.

3. Zur Problematik der EG-Kammer

Im Zuge der Einführung des Bundesratsmodells wurde durch eine Ergänzung der Geschäftsordnung des Bundesrates[26] eine EG-Kammer „zur Verhandlung und Beschlußfassung über eilbedürftige oder vertrauliche Vorlagen, die Vorhaben im Rahmen der Europäischen Gemeinschaften betreffen (EG-Vorlagen)" gebildet (§ 45b Abs. 1 GeschO). Jedes Land entsendet ein Mitglied oder ein stellvertretendes Mitglied des Bundesrates als Mitglied in die EG-Kammer (§ 45b Abs. 3 Satz 1 GeschO). Beschlüsse der EG-Kammer sollen die Wirkung von Beschlüssen des Bundesrates haben (§ 45b Abs. 2 GeschO).

Die Institutionalisierung dieser EG-Kammer ist problematisch[27]. Zunächst sieht das Grundgesetz in Art. 52 Abs. 3 nur Beschlüsse des Bundesrates selbst vor. Die in Art. 52 Abs. 4 erwähnten „Ausschüsse" sind beratende Hilfsorgane, keine beschließenden Teilorgane, können demzufolge nur vorberaten und vorbereiten, aber nicht vorentscheiden[28]. Wann und wo immer in der Verfassung, in Gesetzen, Geschäftsordnungen oder sonstigen Rechtsvorschriften Beschlüsse des Bundesrates vorgesehen sind, handelt es sich um solche des im IV. Abschnitt des Grundgesetzes umschriebenen Verfassungsorgans[29]. Dieses meint auch Art. 2 des Zustimmungsgesetzes. Allerdings kann ein Gesetz, soweit die Verfassung nicht entgegensteht[30], Teilen oder Untergliederungen eines Verfas-

---

[26] Neufassung der Geschäftsordnung des Bundesrates vom 10. 6. 1988 (BGBl. I, S. 857).
[27] Hierzu neuestens *Oschatz / Risse*, Bundesrat und Europäische Gemeinschaften, DÖV 1989, S. 509ff., insbes. 513ff.; *Hans-Joachim Schütz*, NJW 1989, 2160ff.
[28] Vgl. statt aller *Maunz*, in: Maunz / Dürig, GG, Art. 52, Rdnr. 9.
[29] Vgl. hierzu auch *Maunz*, a.a.O., Art. 52, Rdnr. 20.
[30] Zur Verfassungsmäßigkeit von § 6 BVerfGG im Hinblick auf Art. 94 Abs. 1 Satz 2 GG vgl. statt aller *Maunz / Schmidt-Bleibtreu / Klein / Ulsamer*, Bundesverfassungsgerichtsgesetz, § 6, Rdnr. 3f.

sungsorgans Rechte übertragen. Diesen Weg ist das Zustimmungsgesetz jedoch nicht gegangen. Es hat einen beschließenden Ausschuß des Bundesrates oder eine Kammer nicht vorgesehen, sondern lediglich in Art. 2 Abs. 6 Einzelheiten der Unterrichtung und Beteiligung einer Vereinbarung zwischen Bund und Ländern überlassen. Damit ermächtigt das Gesetz aber nur zu einer Durchführungsvereinbarung, nicht zu einer Änderungsvereinbarung. Hätte das Gesetz generell oder für bestimmte Fälle ein anderes Gremium als den Bundesrat vorsehen wollen, so hätte es das selbst zum Ausdruck bringen müssen, was es jedoch nicht getan hat. Vielmehr wird ein Beschlußgremium des Bundesrates anstelle des Verfassungsorgans erstmals in II 3 der „Vereinbarung zwischen der Bundesregierung und den Regierungen der Länder über die Unterrichtung und Beteiligung des Bundesrates und der Länder bei Vorhaben im Rahmen der Europäischen Gemeinschaften ..."[31] erwähnt, wonach Stellungnahmen des Bundesrates auch „von einem Beschlußgremium des Bundesrates abgegeben werden (können), *sofern* der Bundesrat ein solches Gremium errichtet". Insoweit ist die Vereinbarung jedoch nicht gesetzeskonform, weil sie als rangniederes Recht den Vorrang des Gesetzes mißachtet. Hätte der Gesetzgeber des Zustimmungsgesetzes den Herrschaftsanspruch seiner Normen durch Subsidiarität gegenüber bestimmten staatlichen Willensäußerungen niedrigeren Ranges beschränkt[32], hätte die Vereinbarung das Gesetz verdrängen dürfen. Da dies nicht geschehen ist, kann sie auch keine geeignete Ermächtigungsgrundlage für eine Ergänzung der Geschäftsordnung des Bundesrates darstellen, die sich als Satzung gesetzes- und verfassungskonform zu verhalten hat. Denn das Verfassungsorgan „Bundesrat" und die Rechtsstellung seiner Mitglieder „gründet im Grundgesetz"[33]. Die in § 45 b GeschO vorgesehene EG-Kammer ist jedoch ein aliud. Nach Abs. 3 Satz 1 der Bestimmung entsendet jedes Land ein Mitglied oder ein stellvertretendes Mitglied des Bundesrates als Mitglied in die EG-Kammer. Damit ankert die Rechtsstellung der Mitglieder der EG-Kammer anders als die der Bundesratsmitglieder nicht mehr in der Verfassung, sondern lediglich in der Geschäftsordnung. In gleicher Weise werden lediglich durch die Geschäfts-

---

[31] Landtag Rheinland-Pfalz, Drucks. 11/1148 vom 3. 5. 1988, abgedruckt bei *Stefan Schmidt-Meinecke*, Bundesländer und Europäische Gemeinschaft, Speyerer Forschungsberichte 59, 2. Aufl. 1988, S. 98 f.

[32] Hierzu *BVerfGE 8*, 155 (170 f.).

[33] *BVerfGE 8*, 104 (120).

ordnung, also durch Satzungsrecht, Beschlüsse der EG-Kammer Beschlüssen des Bundesrates gleichgestellt. Dazu war der Bundesrat jedoch ohne hinreichende gesetzliche Ermächtigung nicht befugt, so daß nach allem die Institutionalisierung einer EG-Kammer als Beschlußgremium anstelle des Bundesrates gesetzeswidrig ist[34].

4. Probleme einer Beteiligung der Landesparlamente

Unbeschadet des Bundesratsmodells entstehen für die Länderparlamente, die bei dem Verlust von Gesetzgebungskompetenzen der Länder in erster Linie betroffen werden, besondere Probleme. Ihr Kompetenzverlust wird durch die Beteiligung des Bundesrates am Willensbildungsprozeß nicht kompensiert. Denn die Landesparlamente sind unmittelbar im Bundesrat nicht repräsentiert und haben auf ihn allenfalls einen mittelbaren Einfluß über ihre Landesregierungen. Deshalb ist gefordert worden, die Landesregierungen sollten vor ihrer Entscheidung im Bundesrat eine Stellungnahme der jeweiligen Landesparlamente einholen. Gegen dieses Petitum ist verfassungsrechtlich grundsätzlich nichts einzuwenden. Wegen des Grundsatzes des parlamentarischen Regierungssystems kann die jeweilige Landesregierung nicht gehindert sein, das Landesparlament in ihre Entscheidung einzubeziehen oder diese sogar von der Entschließung des Landesparlaments abhängig zu machen. Eine verfassungsrechtliche Grenze ist erst erreicht, wenn die Landesregierung durch Zugeständnisse an ihr Landesparlament sich ihre Mitwirkung im Bundesgesetzgebungsverfahren erschwert oder unmöglich macht. Dem Satz „Bundesrecht bricht Landesrecht" entspricht wegen der Bundestreue die Regel, daß dem Bundesgesetzgebungsverfahren Vorrang vor dem parlamentarischen Regierungssystem der Länder gebührt. In ähnlicher Weise kann die Bundesregierung wegen ihrer Verpflichtungen aus dem EWG-Vertrag fordern, daß der Bundesrat seine Stellungnahme so rechtzeitig abgibt, daß der Willensbildungsprozeß in den EG-Organen nicht unzumutbar erschwert oder unmöglich gemacht wird.

---

[34] A. A. wohl *Klaus Stern*, Das Staatsrecht der Bundesrepublik Deutschland, Bd. II, 1980, § 26, IV 1, S. 87, wonach den Ausschüssen als Organteilen oder Hilfsorganen durch „Verfassung, Gesetz oder Geschäftsordnung" Entscheidungsbefugnisse anstelle des Plenums verliehen werden können.

Die Einwirkungen des europäischen Gemeinschaftsrechts auf das nationale Verwaltungs- und Verfahrensrecht

Von Hans-Jürgen Papier

Einleitung

Das Verhältnis des Gemeinschaftsrechts zum nationalen Recht wurde lange Zeit unter dem Aspekt des Rangverhältnisses und der Kollision beider Rechtsordnungen betrachtet. Das wissenschaftliche Interesse galt der Eigenständigkeit einer in sich geschlossenen Gemeinschaftsrechtsordnung, der Herausbildung einer gemeinschaftsrechtlichen Grundrechtsordnung sowie dem Vorrang jenes Gemeinschaftsrechts vor nationalem Recht. Seit einiger Zeit rückt die Erkenntnis in den Vordergrund, daß das Gemeinschaftsrecht zum wesentlichen Teil – unmittelbar geltendes – besonderes Verwaltungsrecht beinhaltet, das nur in sehr geringem Maße von Gemeinschaftsorganen selbst, überwiegend aber von den mitgliedstaatlichen Behörden vollzogen wird. Das impliziert ein Zusammenwirken von Gemeinschaftsorganen und mitgliedstaatlichen Behörden, aber auch eine Verzahnung von gemeinschaftsrechtlichem (besonderem) Verwaltungsrecht und nationalem allgemeinem Verwaltungs- und Verwaltungsverfahrensrecht. Diese Problematik der wechselseitigen Verzahnungen wird in besonderem Maße praktisch bei der Vergabe und Rückforderung von Subventionen oder Beihilfen. Deshalb soll diese Materie hier beispielhaft behandelt werden.

I. Der Vollzug von Gemeinschaftsrecht

Für das europäische Beihilferecht ist die Unterscheidung zwischen der Subventionsgewährung aus Gemeinschaftsmitteln einerseits und der gemeinschaftsrechtlichen Aufsicht über die mitgliedstaatliche Subventionsvergabe andererseits wesentlich. Das Beihilfeaufsichtsrecht ist vor allem in den Artikeln 92 - 94 EWGV geregelt, deren Beihilfeverbote in bestimmten Fällen durchaus eine unmittelbare Geltung und darüber hinaus sogar eine konkurrentenschützende Funktion haben und daher z.B. einer negativen Konkurrentenklage zum Erfolg verhelfen können. Das gilt namentlich für das (temporäre) Beihilfedurchführungsverbot nach Art. 93 Abs. 3 S. 3 EWGV[1].

1. Gemeinschaftseigener Vollzug

Bei der *gemeinschaftseigenen Subventionsgewährung*[2] spielt die *direkte* Vollziehung des Gemeinschaftsrechts durch *Gemeinschaftsorgane* noch eine sehr untergeordnete Rolle. Bei jener gemeinschaftsunmittelbaren Subventionsgewährung sind in der Praxis – nicht anders als in der nationalen deutschen Rechtsordnung – öffentlich-rechtliche ebenso wie privatrechtliche Vergabeformen anzutreffen. Die Finanzierung von Investitionsvorhaben der gewerblichen Wirtschaft durch die Europäische Investitionsbank nach Art. 130a EWGV erfolgt z.B. durch die Gewährung von Investitionskrediten auf privatrechtlicher Grundlage[3]. In anderen Bereichen des unmittelbaren Gemeinschaftsvollzuges ist der Bewilligungsbescheid – d.h. genauer die „Entscheidung" i.S.d. Art. 189 EWGV – als Grundlage und Gestaltungsmittel für das Subventionsverhältnis anzutreffen. Da ein allgemeines Verwaltungs- und Verwaltungsverfahrensrecht der Gemeinschaften fehlt, ist der Gestaltungsrahmen der Gemeinschaftsorgane bei der Vergabe von Beihilfen eher noch größer als derjenige nach dem nationalen deutschen Recht.

2. Mitgliedstaatlicher Vollzug

a) Überwiegend werden die gemeinschaftsrechtlich vorgesehenen Beihilfen in *mitgliedstaatlicher Verwaltung* gewährt. Dieser Weg wird über-

---

[1] Siehe *EuGH* in RS 6/64, Slg. 1964, S. 1251 (1273); RS 120/73, Slg. 1973, S. 1471 (1483); verbundene RS 91 und 127/83, Slg. 1984, S. 3435 (3451 ff.); RS 169/84, Slg. 1986, S. 391 (414 ff.); *Schwarze*, Subventionen im Gemeinsamen Markt und der Rechtsschutz des Konkurrenten, Gedächtnisschr. Wolfgang Martens, 1987, S. 819 (839 ff.).

[2] Siehe dazu *Seidel*, Das Verwaltungsverfahren in Beihilfesachen, EuR 1985, S. 23 ff.; *Schwarze*, Gedächtnisschr. Martens, S. 825 ff.

[3] *Schwarze*, Gedächtnisschr. Martens, S. 828; *Seidel*, EuR 1985, 29 f.

wiegend bei der Intervention und Förderung im Rahmen der drei wichtigen Gemeinschaftsfonds gewählt:

- Europäische Ausrichtungs- und Garantiefonds für die Landwirtschaft (EAGFL)
- Europäischer Sozialfonds (ESF)
- Europäischer Fonds für regionale Entwicklung (ERFE).

Bei der gemeinschaftsrechtlichen Beihilfegewährung in mitgliedstaatlicher Verwaltung treten zwei Varianten auf. Die EG finanziert ein vollständiges Beihilfesystem, in dem die Mitgliedstaaten ausschließlich als Verwalter für Rechnung der Gemeinschaften auftreten. Das ist der Fall bei den Agrarmarktordnungen. Die zweite Variante besteht darin, daß die Gemeinschaften eigene Fördermaßnahmen der Mitgliedstaaten entweder in vollem Umfang finanzieren oder sich daran mit einzelnen Finanzzuweisungen beteiligen. Dies ist der Fall bei der Regionalförderung sowie der Subventionierung aus dem Sozialfonds.

Beim Vollzug des Gemeinschaftsrechts durch die Mitgliedstaaten kann schließlich noch differenziert werden zwischen dem unmittelbaren (dezentralen) und dem mittelbaren Vollzug. Der unmittelbare mitgliedstaatliche Vollzug besteht darin, daß EG-Vorschriften unmittelbar von mitgliedstaatlichen Behörden angewendet werden, ohne daß eine nationalstaatliche Normsetzung – etwa ein EG-Richtlinien ausführendes Gesetz – hinzutritt[4].

b) Der nationale Vollzug von Gemeinschaftsrecht richtet sich in allen Fällen nach dem mitgliedstaatlichen allgemeinen Verwaltungs- und Verwaltungsverfahrensrecht, „soweit das Gemeinschaftsrecht einschließlich der allgemeinen gemeinschaftsrechtlichen Grundsätze hierfür keine gemeinsamen Regelungen enthält"[5]. Das bedeutet, daß sich beim natio-

---

[4] Siehe dazu *Schwarze*, Gedächtnisschr. Martens, S. 829 ff.; *Seidel*, Subventionshoheit und Finanzierungslast in der Europäischen Wirtschaftsgemeinschaft, FS Karl Carstens, Bd. I, 1984, S. 278 ff.; vgl. ferner *Grabitz*, Europäisches Verwaltungsrecht – Gemeinschaftsrechtliche Grundsätze des Verwaltungsverfahrens, NJW 1989, S. 1776 ff.

[5] *EuGH* in RS 205 - 215/82, DVBl. 1984, S. 29 (31) mit Anm. *Rengeling*; *Rengeling*, Das Zusammenwirken von Europäischem Gemeinschaftsrecht und nationalem, insbesondere deutschem Recht, DVBl. 1986, S. 306 ff.; *Schwarze*, Gedächtnisschr. Martens, S. 830 f.; s. auch *BVerwG*, DVBl. 1986, S. 1204; *Weber*, Rechtsfragen der Durchführung des Gemeinschaftsrechts in der Bundesrepublik, 1987, S. 45 ff., 62 ff.; *Grabitz*, NJW 1989, S. 1776 ff.

nalen Vollzug von EG-Beihilferecht die Vergabe, die Rückabwicklung sowie der Rechtsschutz einschließlich des Rechtsschutzes des Konkurrenten grundsätzlich nach dem allgemeinen Verwaltungs-, Verwaltungsverfahrens- und Prozeßrecht des Mitgliedstaates richten.

Der Grundsatz, daß der nationale Verwaltungsvollzug von Gemeinschaftsrecht nach dem Organisations-, Verfahrens- und allgemeinen Verwaltungsrecht des Mitgliedstaates stattfindet, folgt aus Art. 5 EWGV, nach dem es Sache der Mitgliedstaaten ist, in ihrem Hoheitsgebiet für die Durchführung des Gemeinschaftsrechts zu sorgen[6]. Gemeinschaftsregelungen des besonderen Wirtschaftsverwaltungsrechts werden allerdings nur solange auf der Grundlage des nationalen Verfahrens- und allgemeinen Verwaltungsrechts vollzogen, wie das Gemeinschaftsrecht selbst einschließlich der allgemeinen gemeinschaftsrechtlichen Grundsätze hierfür keine einheitlichen Vorschriften enthält.

Rechtsbeziehungen bestehen also ausschließlich zwischen dem Subventionsempfänger und dem subventionsgewährenden Mitgliedstaat. Diese Rechtsbeziehungen werden geregelt durch das nationale Recht. Nach der deutschen Rechtsordnung kommt dem öffentlichen Subventionsgeber grundsätzlich ein Wahlrecht hinsichtlich der Rechtsformen der Subventionsvergabe zu. Sofern nicht besondere Vergabeformen gesetzlich vorgeschrieben sind, kann der zuwendende Hoheitsträger nach herrschender Lehre im allgemeinen zwischen ausschließlich öffentlich-rechtlichen Gestaltungen durch Bewilligungsbescheid oder öffentlich-rechtlichen Vertrag, zwischen zweistufig öffentlich-rechtlichen und privatrechtlichen und schließlich genuin privatrechtlichen Subventionsverhältnissen wählen[7]. Diese Wahlfreiheit öffentlicher Subventionsgeber ist zwar nicht unbestritten[8], die Praxis geht indes – mit regelmäßiger Billigung durch die Judikatur[9] – noch immer diesen Weg, läßt also auch hier die Wahrnehmung materieller Verwaltungsfunktionen nicht nur

---

[6] *EuGH*, RS 205 - 215/82, DVBl. 1984, S. 29 (31) m. Anm. *Rengeling*.

[7] Zu den möglichen Rechtsformen der Subventionen siehe etwa *Wolff / Bachof*, Verwaltungsrecht III, 4. Aufl. 1978, § 154 Rdnrn. 22 ff.; *Ehlers*, Die Handlungsformen bei der Vergabe von Wirtschaftssubventionen, VerwArch 74 (1983), S. 112 ff.; *OVG NW*, Urteil vom 22. 9. 1982, NVwZ 1984, S. 522 ff.; *Friauf*, Ordnungsrahmen für das Recht der Subventionen, Referat auf dem 55. DJT, Verh. Bd. II, M 26 f. m.w.Nachw.; *Knirsch*, Gestaltungsfreiräume kommunaler Subventionsgewährung, NVwZ 1984, S. 495 ff.

[8] Kritisch insbesondere *Ehlers*, VerwArch 74 (1983), S. 112 ff.

[9] Siehe etwa *OVG NW*, NVwZ 1984, S. 522 ff.

mittels des spezifischen Sonderrechts der öffentlichen Gewalt, sondern auch in den Formen des Privatrechts zu.

Aufgrund jener Wahlfreiheit bei den Vergabeformen sind die zuwendenden Hoheitsträger in gewisser Hinsicht auch in der Lage, über das für die Rückabwicklung von Subventionsverhältnissen maßgebliche Recht zu befinden. Dabei geht es nicht nur darum, ob die Rückabwicklung nach Maßgabe des öffentlichen oder des privaten Rechts zu erfolgen hat. Bei zweistufiger Gestaltung der Subventionsverhältnisse kann die Rückabwicklung selbst wiederum einer Wahlfreiheit zwischen der Aufhebung des öffentlich-rechtlichen Bewilligungsbescheides oder etwa einer Kündigung des privatrechtlichen (Vollzugs-)Vertrages überantwortet sein[10]. Bei rein öffentlich-rechtlichen Subventionsverhältnissen kann es schließlich von Bedeutung sein, ob das Rechtsverhältnis allein auf einem Bewilligungsbescheid basiert oder ausschließlich bzw. zusätzlich durch einen verwaltungsrechtlichen Vertrag geregelt ist. Dies wird vor allem für die Frage relevant, ob der öffentlich-rechtliche Träger seine Ansprüche aus der Rückabwicklung einseitig durch Leistungsbescheid festsetzen und durchsetzen kann.

c) Die Subventionsverhältnisse des deutschen Rechts werden heute überwiegend als einstufige öffentlich-rechtliche Rechtsverhältnisse qualifiziert. Als Handlungsform steht der Verwaltungsakt im Vordergrund, der sich mittels des Instrumentariums der Nebenbestimmungen i.S.d. § 36 VwVfG durchaus in der Lage gezeigt hat, Dauerrechtsverhältnisse nach der Art der öffentlich-rechtlichen Subventionsverhältnisse zu begründen und inhaltlich zu gestalten[11]. Der Umstand, daß nach vorherrschender Staatsrechtslehre und nach der Staatspraxis der Vorbehalt des Gesetzes bei der Subventionsvergabe nicht zur Geltung kommt[12], hat den Einsatz des Verwaltungsakts im Subventionsrecht eindeutig noch gefördert. Demgemäß sehen auch die Vorläufigen Verwaltungsvorschriften zur Bundeshaushaltsordnung ausdrücklich vor, daß die Zuwendungen durch schriftlichen Zuwendungsbescheid bewilligt werden (Nr. 4.1.)[13]. Der verwaltungsrechtliche Vertrag hat trotz seiner prinzipiellen

---

[10] Vgl. *BVerwGE 13*, 47 (52f.); *13*, 307ff.; *35*, 170 (171); s. aber auch *BGHZ 40*, 206 (210f.).

[11] Siehe auch *Ehlers*, VerwArch 74 (1983), S. 112 (122ff.), m.w.Nachw. in Fn. 58.

[12] Siehe etwa *BVerwGE 6*, 282 (287); *58*, 45 (48f.); *BVerwG*, NJW 1959, S. 1098f.; DVBl. 1969, S. 665; NJW 1977, S. 1838f.

[13] Abgedruckt bei *Friauf / Püttner*, Haushaltsrecht, 12. Aufl. 1986.

Zulässigkeit (vgl. § 54 VwVfG) und Eignung zur Regelung öffentlich-rechtlicher Subventionsverhältnisse nur am Rande Fuß fassen können. Nach 4.3. der Vorläufigen Verwaltungsvorschriften zur Bundeshaushaltsordnung kann die Bewilligungsbehörde, anstatt einen Zuwendungsbescheid zu erlassen, ausnahmsweise einen Zuwendungsvertrag mit dem Zuwendungsempfänger schließen. Dies dürfte sich bei atypisch-singulären Verhältnissen empfehlen, die nicht durch Gesetz, Verwaltungsvorschriften und Verwaltungsübungen vorgeprägt sind.

Für die Rückabwicklung einstufig öffentlich-rechtlich begründeter und gestalteter Subventionsverhältnisse bedeutet dies, daß diese sich regelmäßig nach dem Recht der Rücknahme und des Widerrufs begünstigender Verwaltungsakte richten. Ist eine Bewilligung rechtsfehlerhaft erfolgt, so kann sie nach näherer Maßgabe der Vertrauensschutzregelungen des § 48 Abs. 2 VwVfG auch mit rückwirkender Kraft zurückgenommen werden. Liegt dem Subventionsverhältnis dagegen (ausnahmsweise) ein verwaltungsrechtlicher Vertrag zugrunde, so kann dem Zuwendungsempfänger ein größerer Bestandsschutz zugute kommen. Denn das öffentlich-rechtliche Vertragsrecht kennt nur die Nichtigkeit des Vertrages bei besonders qualifizierten Gesetzesverstößen (vgl. § 59 VwVfG), nicht aber die Aufhebbarkeit wegen Rechtswidrigkeit[14].

d) Bei der Zuwendung verlorener Zuschüsse ist die einstufig öffentlich-rechtliche Gestaltung heute weitgehend anerkannt[15]. Aber auch bei darlehensweise gewährten Zuwendungen darf nicht vorschnell eine zweistufige Ausgestaltung des Subventionsverhältnisses unterstellt werden. Vielfach wäre z. B. die Annahme eines privatrechtlichen Darlehensvertrages eine reine Fiktion, regelt doch nicht selten schon der Bewilligungsbescheid alle Fragen der Gewährung, Rückzahlung und Verzinsung[16]. Nur dann, wenn eine Privatperson als „Subventionsmittler" eingeschaltet wird, die eigentliche Darlehensgewährung also durch ein

---

[14] Siehe auch *Ehlers*, VerwArch 74 (1983), S. 131.

[15] *BVerwG*, NJW 1969, S. 809; DÖV 1972, S. 388 f.; *BGHZ* 57, 134 ff.; *BGH*, JR 1975, S. 388; *VGH München*, DVBl. 1961, S. 51; *OVG Hamburg*, DVBl. 1961, S. 92; *OVG NW*, NVwZ 1984, S. 522 ff.; *Zuleeg*, Die Rechtsform der Subventionen, 1965, S. 11; *Ipsen*, Öffentliche Subventionierung Privater, 1956, S. 68; *Henze*, Verwaltungsrechtliche Probleme der staatlichen Finanzierungshilfe zugunsten Privater, 1958, S. 96 ff.; *Wolff / Bachof*, Verwaltungsrecht III, § 154 Rdnrn. 22 ff.

[16] Siehe auch *Wolff / Bachof*, Verwaltungsrecht III, § 154 Rdnr. 25; *OVG NW*, NVwZ 1984, S. 522; *Badura*, WiVerw 1978, S. 146.

privates Kreditinstitut erfolgt, wird die Annahme eines bürgerlich-rechtlichen Darlehensvertrages mangels einer Beleihung des Kreditgebers mit öffentlicher Gewalt unausweichlich sein[17]. Dies gilt im übrigen auch für den Fall einer Bürgschaft des Trägers öffentlicher Verwaltung, die im Bewilligungsbescheid gegenüber dem Subventionsempfänger öffentlich-rechtlich „zugesagt" und durch privatrechtlichen Bürgschaftsvertrag mit dem Gläubiger eingegangen wird.

Die konstruktive Zurückdrängung zweistufiger Rechtsgestaltungen im Subventionsrecht zugunsten einstufig öffentlich-rechtlicher Beziehungen vorrangig durch Verwaltungsakt begründeter Art vermeidet bei der Rückabwicklung das in der Zweistufigkeit implizierte „Rechtschaos"[18]. Auch die bereits erwähnten Spezialvorschriften des Haushaltsrechts (z.B. § 44a BHO) gehen implizit von der Begründung und Ausgestaltung des Zuwendungsverhältnisses durch Verwaltungsakt aus, weil anders die dort geregelte Rückabwicklung per Rücknahme oder Widerruf mit öffentlich-rechtlicher Erstattungspflicht nicht denkbar wäre.

e) Für die Rückabwicklung von Subventionsverhältnissen der mittelbaren gemeinschaftsrechtlichen Beihilfegewährung, die ausschließlich zwischen dem Beihilfeempfänger und der staatlichen Vollzugskörperschaft bestehen, gelten demgemäß regelmäßig die §§ 48, 49 der Verwaltungsverfahrensgesetze einschließlich des deutschen Rechts der öffentlich-rechtlichen Erstattung mit der bedingten Verweisung auf die Vorschriften der ungerechtfertigten Bereicherung. „Gemeinschaftsrechtliche Grundsätze", die nach der Rechtsprechung des *EuGH*[19] derartigen mitgliedstaatlichen Vorschriften entgegenstünden, sind nicht vorhanden bzw. nicht so präzisiert, daß sie hinreichend exakte Maßstäbe für das nationale Recht der Rückabwicklung bieten könnten[20]. So gibt es sicher gemeinschaftsrechtliche Grundsätze der Rechtssicherheit und des Vertrauensschutzes ebenso wie der Gesetzmäßigkeit der Verwaltung[21].

---

[17] *Zuleeg,* (Fn. 15), S. 282, 294; vgl. aber auch *Ehlers,* VerwArch 74 (1983), S. 118.
[18] Siehe *Götz,* Recht der Wirtschaftssubventionen, 1966, S. 62; *Ehlers,* VerwArch 74 (1983), S. 117.
[19] Urteil vom 21. 9. 1983 – RS 205 - 215/82, DVBl. 1984, S. 29 ff.
[20] *Rengeling,* EuR 1984, S. 357 f.; *Hilf,* Möglichkeiten und Grenzen des Rückgriffs auf nationale verwaltungsrechtliche Regeln bei der Durchführung von Gemeinschaftsrecht, in: Schwarze (Hrsg.), Europäisches Verwaltungsrecht im Werden, 1982, S. 67 (76 ff.).

Ihnen lassen sich jedoch keine detaillierten Regelungen entnehmen, denen ein Vorrang gegenüber dem nationalstaatlichen Regelungssystem der §§ 48, 49 VwVfG zukommen könnte. Rechtssicherheit und Vertrauensschutz einerseits, Gesetzmäßigkeit der Verwaltung andererseits müssen im Hinblick auf die Rücknahme- und Widerrufsproblematik gegeneinander abgewogen werden. Das Gemeinschaftsrecht, das diese Prinzipien genauso wie das deutsche Verfahrensrecht als ungeschriebene Grundsätze beinhaltet, gibt keine konkreten Abwägungsdirektiven, die an den Konkretisierungsgrad der §§ 48, 49 VwVfG auch nur heranreichten, geschweige denn jene verdrängen könnten. Soll es zu einer gemeinschafts-einheitlichen Vollziehung des materiellen gemeinschaftsrechtlichen Beihilferechts kommen, müssen die zuständigen Gemeinschaftsorgane – etwa auf der Grundlage des Art. 235 EWGV – die erforderlichen Bestimmungen zum allgemeinen Verwaltungs- und Verwaltungsverfahrensrecht erlassen[22].

In seiner grundlegenden Entscheidung vom 21. September 1983 (Rs. 205 - 215/82)[23] hat der *EuGH* dies wie folgt formuliert:

„Beim gegenwärtigen Stand seiner Entwicklung enthält das Gemeinschaftsrecht keine besonderen Bestimmungen über die Ausübung dieser Funktionen durch die zuständigen nationalen Verwaltungen. Wie der EuGH im Einklang mit diesen Grundsätzen wiederholt ausgesprochen hat ..., müssen die nationalen Gerichte Rechtsstreitigkeiten über die Wiedereinziehung zu Unrecht aufgrund des Gemeinschaftsrechts geleisteter Zahlungen in Ermangelung gemeinschaftsrechtlicher Vorschriften nach ihrem nationalen Recht entscheiden, jedoch vorbehaltlich der durch das Gemeinschaftsrecht gezogenen Grenzen, wonach die im nationalen Recht vorgesehenen Modalitäten nicht darauf hinauslaufen dürfen, daß die Verwirklichung der Gemeinschaftsregelung praktisch unmöglich wird, und das nationale Recht im Vergleich zu den Verfahren, in denen über gleichartige, rein nationale Streitigkeiten entschieden wird, ohne Diskriminierung anzuwenden ist."

f) Gemeinschaftsrechtliche Grenzen dürften nicht deswegen überschritten sein, weil das deutsche allgemeine Verwaltungsrecht die Rücknahme und den Widerruf der Zuwendungsbescheide, auch wenn sie

---

[21] Siehe *Rengeling*, DVBl. 1986, S. 308; *ders.*, DVBl. 1984, S. 34; *Lecheler*, Der EuGH und die allgemeinen Rechtsgrundsätze, 1971, S. 83ff.; *Pernice*, Grundrechtsgehalte im Europäischen Gemeinschaftsrecht, 1979, S. 186; *Grabitz*, NJW 1989, S. 1776 (1779).

[22] Siehe auch *EuGH*, Urteil v. 21. 9. 1983 – RS 205 - 215/82, DVBl. 1984, S. 29 (32).

[23] DVBl. 1984, S. 29ff.

unter Beachtung der gesetzlichen Vertrauensschutzmaßstäbe zulässig sind, als *Ermessens*entscheidung ausgestaltet (vgl. §§ 48 Abs. 1, 49 Abs. 1 VwVfG). Die Verwirklichung der Gemeinschaftsregelungen wird nicht praktisch unmöglich gemacht, wenn trotz des Vorliegens der gesetzlichen Rücknahme- bzw. Widerrufsvoraussetzungen die zuständige Verwaltungsbehörde nach pflichtgemäßem Ermessen unter Beachtung von Zweckmäßigkeitserwägungen darüber zu befinden hat, ob der Bescheid tatsächlich aufgehoben werden und ob das – soweit gesetzlich überhaupt möglich – mit rückwirkender Kraft geschehen soll oder nur mit Wirkung für die Zukunft. Daß bei der Beurteilung des Vertrauens- und damit des Bestandsschutzes, also der Rücknahmemöglichkeit, eine Interessenabwägung stattzufinden hat, schreibt § 48 Abs. 2 VwVfG für die Rücknahme fehlerhafter begünstigender Verwaltungsakte vor. Zu Recht verlangt der *EuGH* in diesem Zusammenhang, daß bei jener Interessenabwägung auch die Interessen der Gemeinschaft „voll berücksichtigt" werden müssen[24]. Diese „volle" Berücksichtigung kann allerdings nun nicht bedeuten, daß die Interessenabwägung stets *gegen* den Vertrauens- und Bestandsschutz und *für* eine Rücknahmemöglichkeit ausfallen muß. Denn bei einem solchen prinzipiellen Vorrang der Rücknahmeinteressen der Gemeinschaft würde letztlich die vom Gesetz geforderte Interessenabwägung für jeden Einzelfall unterbleiben[25].

g) Ist die Beihilfe auf der Grundlage eines verwaltungsrechtlichen Vertrages gewährt worden, ist die Rückabwicklung nach deutschem Recht wegen der erhöhten Bestandskraft öffentlich-rechtlicher Verträge noch schwieriger[26]. Die „schlichte" Rechtswidrigkeit der Beihilfegewährung führt nach dem deutschen öffentlich-rechtlichen Vertragsrecht weder zur Nichtigkeit des Vertrages noch zu seiner Aufhebbarkeit. Auch dies dürfte gemeinschaftsrechtlich noch zulässig sein, da keine spezifische Diskriminierung in bezug auf Gemeinschaftsbeihilfen im Verhältnis zu den rein nationalen Gewährungen vorliegt.

3. Bundes- oder Landesvollzug

Die Verteilung der *Verwaltungskompetenzen* zwischen Bund und Ländern richtet sich danach, ob es sich um einen unmittelbaren oder mittel-

---

[24] Urteil vom 21. 9. 1983 – RS 205 - 215/82, DVBl. 1984, S. 29 (33).
[25] Vgl. im übrigen auch *Hilf* (Fn. 20), S. 81 f.
[26] Siehe Fn. 14.

baren Vollzug von Gemeinschaftsrecht handelt[27]. Bei mittelbarem Vollzug von EG-Rechtsakten führen die innerstaatlichen Behörden deutsches Ausführungsrecht aus, so daß es sich um den Vollzug von Bundes- oder Landesrecht handelt, je nachdem, ob die Materie in die Bundes- oder Landeszuständigkeit fällt. Die Verteilung der Verwaltungskompetenzen richtet sich daher nach den unmittelbar geltenden Art. 83 ff. GG. Handelt es sich dagegen um unmittelbar anwendbares (nicht umsetzungsbedürftiges) Gemeinschaftsrecht, scheidet eine unmittelbare Anwendbarkeit der Art. 83 ff. GG aus. Denn die Gemeinschaftsrechtsakte bleiben im innerstaatlichen Rechtskreis Akte einer eigenständigen Rechtsordnung, auf die innerstaatliche Kompetenzvorschriften allenfalls entsprechend anwendbar sind. Aus einer sinngemäßen Anwendung des Art. 83 GG sowie unter Rückgriff auf die allgemeine Kompetenzverteilungsnorm des Art. 30 GG wird man folgern müssen, daß im Grundsatz das Gemeinschaftsrecht durch die Länder vollzogen wird.

In der Praxis hat sich allerdings das Schwergewicht des Vollzuges von Gemeinschaftsrecht auf den Bund verlagert. So hat der Bund z.B. im Agrarbereich die Bundesanstalt für landwirtschaftliche Marktordnung gemäß Art. 87 Abs. 3 S. 1 GG eingerichtet. Die Bundesfinanzbehörden verwalten überdies nach Art. 108 Abs. 1 S. 1 GG auch die Abgaben im Rahmen der Europäischen Gemeinschaften. In der Staatspraxis werden häufig auch die von der Abgabenerhebung unabhängig gewährten Vergünstigungen wie Währungsausgleich, Prämien, Beihilfen etc. von den Finanzbehörden verwaltet, eine Praxis, die auf Art. 87 Abs. 3 S 2. GG gestützt wird. Vor diesem Hintergrund einer wachsenden Vollzugskonzentration beim Bund hatte die Enquetekommission vorgeschlagen, die Gemeinschaftsrecht ausführende Landesverwaltung als Bundesauftragsverwaltung auszugestalten. Ein solcher Landesvollzug als Bundesauftragsverwaltung gäbe dem Bund größere Aufsichtsmöglichkeiten zur effektiven Durchsetzung des Gemeinschaftsrechts. Hinzuweisen ist in diesem Zusammenhang auf das Weisungsrecht nach Art. 85 Abs. 3 GG sowie auf die Erstreckung der Bundesaufsicht auf die Gesetzmäßigkeit *und* die Zweckmäßigkeit der Ausführung (Art. 85 Abs. 4 GG).

---

[27] Siehe dazu *Weber* (Fn. 5), S. 47 f.

II. Das Beihilfeaufsichtsrecht der EG

1. Zur unmittelbaren Geltungskraft

a) Im folgenden geht es um die Gewährung einer Beihilfe nach nationalem Recht und um die Bedeutung des *Beihilfeaufsichtsrechts* der EG gemäß den Art. 92 ff. EWGV. Nach der ständigen Rechtsprechung des *EuGH* wirken die Verbotsregelungen des Art. 92 EWGV nicht unmittelbar für und gegen den Marktbürger[28]. Art. 92 Abs. 1 EWGV lautet: „Soweit in diesem Vertrag nicht etwas anderes bestimmt ist, sind staatliche oder aus staatlichen Mitteln gewährte Beihilfen gleich welcher Art, die durch die Begünstigung bestimmter Unternehmen oder Produktionszweige den Wettbewerb verfälschen oder zu verfälschen drohen, mit dem Gemeinsamen Markt unvereinbar, soweit sie den Handel zwischen Mitgliedstaaten beeinträchtigen". Die Abs. 2 und 3 dieses Artikels zählen zunächst drei Arten von Beihilfen auf, die von dem in Abs. 1 enthaltenen Verbot nicht erfaßt werden, nennen alsdann drei weitere Arten von Beihilfen, die unter bestimmten Umständen als mit dem Gemeinsamen Markt vereinbar angesehen werden können, und ermächtigen schließlich den Rat, für sonstige Arten von Beihilfen zu bestimmen, daß sie gleichfalls von dem genannten Verbot ausgenommen sind.

Ferner bestimmt Art. 93 Abs. 2, Unterabsatz 3 des EWG-Vertrages: „Der Rat kann einstimmig auf Antrag eines Mitgliedstaates entscheiden, daß eine von diesem Staat gewährte oder geplante Beihilfe in Abweichung von Art. 92 oder von den nach Art. 94 erlassenen Verordnungen als mit dem Gemeinsamen Markt vereinbar gilt, wenn außergewöhnliche Umstände eine solche Entscheidung rechtfertigen. Hat die Kommission bezüglich dieser Beihilfe das in Unterabsatz 1 dieses Absatzes vorgesehene Verfahren bereits eingeleitet, so bewirkt der Antrag des betreffenden Staates an den Rat die Aussetzung dieses Verfahrens, bis sich der Rat geäußert hat". Nach Art. 94 EWGV ist der Rat im übrigen befugt, „alle zweckdienlichen Durchführungsverordnungen zu den Art. 92 und 93 zu erlassen und insbesondere die Bedingungen für die Anwendung des Art. 93 Abs. 3 sowie diejenigen Arten von Beihilfen festzulegen, die von diesem Verfahren ausgenommen sind".

---

[28] *EuGH*, Urteil v. 22. März 1977 – RS 78/76, Slg. 1977, S. 595 (610 f.); Urteil v. 9. Oktober 1984 – verbundene RS. 91 und 127/83, Slg. 1984, S. 3435 (3451 ff.).

Diese Bestimmungen zeigen – so der *EuGH* –, daß das in Art. 92 Abs. 1 aufgestellte Verbot weder absolut noch unbedingt gilt, da Abs. 3 dieses Artikels und Art. 93 Abs. 2 teils der Kommission einen Ermessensspielraum zugestehen, teils dem Rat eine ausgedehnte Befugnis erteilen, Beihilfen unter Abweichung von dem allgemeinen Verbot des Art. 92 Abs. 1 zuzulassen.

b) Eine unmittelbare Geltung erlangen aber die zur Durchführung des Art. 92 EWGV erlassenen allgemeinen Vorschriften des Rates nach Art. 94 EWGV sowie die konkretisierenden Einzelfallentscheidungen nach Art. 93 Abs. 2 EWGV. Entsprechendes gilt für das Durchführungsverbot des Art. 93 Abs. 3 S. 3 EWGV. Diese unmittelbare Verbotswirkung des Art. 93 Abs. 3 S. 3 EWGV betrifft jede Beihilfemaßnahme, die durchgeführt werden soll, ohne daß sie angezeigt ist, oder die im Falle einer Anzeige während der Vorprüfungsphase oder bei Einleitung des förmlichen Verfahrens durch die Kommission vor Erlaß der abschließenden Entscheidung erfolgen soll. In diesem Sinne formuliert der *EuGH* in ständiger Rechtsprechung[29], die Bestimmungen des Art. 92 EWGV gelten mit der Folge, daß aus ihnen vor den nationalen Gerichten Rechte hergeleitet werden können, in der Rechtsordnung der Mitgliedstaaten erst, wenn sie durch die in Art. 94 vorgesehenen Rechtshandlungen allgemeiner Tragweite oder durch Einzelfallentscheidungen, wie sie Art. 93 Abs. 2 im Auge hat, konkretisiert worden sind. Ferner besitze das in Art. 93 Abs. 3 letzter Satz EWGV enthaltene Durchführungsverbot unmittelbare Geltung und begründe Rechte des Einzelnen, die von den nationalen Gerichten zu beachten seien.

2. Rechtsschutzfragen

Die unmittelbare Geltung beihilfeaufsichtsrechtlicher Vorschriften hat Folgewirkungen für den Rechtsschutz übergangener Konkurrenten. Nach Art. 173 Abs. 2 EWGV können natürliche oder juristische Personen unter den in Art. 172 Abs. 1 EWGV genannten Voraussetzungen dann gegen eine an eine andere Person gerichtete Entscheidung Klage vor dem

---

[29] Siehe *EuGH*, Urteil v. 9. Oktober 1984, verbundene RS. 91 und 127/83, Slg. 1984, S. 3435 (3451 f.); Urteil v. 19. Juni 1973 – RS 77/72, Slg. 1973, S. 611 (622); Urteil v. 11. Dezember 1973, RS 120/73, Slg. 1973, S. 1471 (1483); Urteil v. 15. Juli 1964 – RS 6/64, Slg. 1964, S. 1251 (1273); s. auch *Schwarze*, Gedächtnisschr. Martens, S. 840.

EuGH erheben, wenn diese Entscheidung sie unmittelbar und individuell betrifft. Auch nach dem gemeinschaftsrechtlichen Verfahrensrecht sind danach nicht nur Adressatenklagen, sondern unter bestimmten Voraussetzungen auch Dritt- und damit zugleich Konkurrentenklagen zulässig.

Konkurrentenklagen sind vor allem denkbar gegen beihilfe-aufsichtsrechtliche Entscheidungen nach Maßgabe des Art. 93 Abs. 2 EWGV. Wird auf der Grundlage dieser Vorschrift ein aufsichtsrechtliches Verfahren wegen einer mitgliedstaatlichen Beihilfe eingestellt, so fragt sich, inwieweit ein Konkurrent diese Einstellungsentscheidung der Kommission vor dem EuGH anfechten kann. Nach der Rechtsprechung des *EuGH* kann die von Art. 173 Abs. 2 EWGV vorausgesetzte Individualbetroffenheit des Dritten aus seiner Stellung im vorprozessualen Verfahren folgen[30]. Hat dieser Dritte durch eine Beschwerde die Einleitung des Untersuchungsverfahrens veranlaßt und hat er sich gemäß einer Aufforderung der Kommission nach Art. 93 EWGV durch eine Stellungnahme an dem Verfahren beteiligt, so steht ihm nach dieser Judikatur die Klagebefugnis zu. Zusätzlich zu dieser formalen Verfahrensbeteiligung des Dritten muß allerdings ein Wettbewerbsverhältnis zwischen ihm und dem Subventionsempfänger bestehen und eine „spürbare Beeinträchtigung" seiner Marktstellung durch die Beihilfegewährung erfolgen[31].

III. Rücknahme und Rückforderung

1. Zur nationalen Rechtslage

Die *Rückforderung* zu Unrecht geleisteter Subventionen setzt nach deutschem und nach Gemeinschaftsrecht das Fehlen bzw. den Wegfall des Rechtsgrundes der Leistung voraus. Bildet ein Bewilligungsbescheid den Rechtsgrund der Subventionsleistung, so ist eine Rückforderung nur möglich, wenn entweder der Verwaltungsakt – ausnahmsweise – nichtig, wenn er von der Bewilligungsbehörde mit rückwirkender Kraft zurückgenommen oder widerrufen oder wenn er im Rahmen eines Widerspruchs- bzw. Klageverfahrens durch Abhilfeentscheidung oder von der

---

[30] *EuGH*, Urteil v. 28. Januar 1986 – RS 169/84, Slg. 1986, S. 391 (414 ff.); s. auch *Schwarze*, Gedächtnisschr. Martens, S. 845 ff.

[31] Siehe auch *EuGH*, Urteil v. 28. Januar 1986 (Fn. 30), S. 415.

Widerspruchsbehörde bzw. vom Verwaltungsgericht aufgehoben worden ist.

Auch bei Rechtswidrigkeit des Bescheides ist eine Rücknahme durch die Bewilligungsbehörde nur unter Beachtung der Vertrauensschutzregelung des § 48 Abs. 2 und der Fristen des § 48 Abs. 4 VwVfG zulässig. Selbst bei Vorliegen jener Rücknahmevoraussetzungen steht die Rücknahme aufgrund des § 48 Abs. 1 S. 1 VwVfG im Ermessen der nach § 48 Abs. 5 i.V.m. § 3 VwVfG zuständigen Behörde. Ist allerdings eine Rücknahme mit rückwirkender Kraft erfolgt, so *ist* nach den deutschen Gesetzen die gewährte Leistung zu erstatten (vgl. § 48 Abs. 2 VwVfG, § 44a Abs. 2 BHO). Die Rückforderung steht nicht im Ermessen der Behörde. Entsprechendes gilt, wenn nach den haushaltsrechtlichen Spezialregelungen ein rechtmäßiger Bewilligungsbescheid wegen Zweckverfehlung oder Nichterfüllung von Auflagen mit rückwirkender Kraft widerrufen wird (vgl. § 44a Abs. 1 und 2 BHO).

2. Einwirkungen des EG-Beihilfeaufsichtsrechts

Die Rechtswidrigkeit von Subventionsbescheiden kann nach dem oben Gesagten auch darauf beruhen, daß die Subventionierungen nach dem Beihilfeaufsichtsrecht der Gemeinschaft unzulässig sind. Unmittelbare Geltung entfaltet insoweit vor allem das Durchführungsverbot des Art. 93 Abs. 3 S. 3 EWGV. Nach der Rechtsprechung des *EuGH* kommen auch den konkretisierenden Entscheidungen nach Art. 93 Abs. 2 EWGV unmittelbare Geltung zu. Es ist fraglich, wie sich die unmittelbar geltenden gemeinschaftsrechtlichen Vorschriften bzw. Entscheidungen auf die Rückforderungen der gegen sie verstoßenden Subventionen auswirken. Der Kommission wird gemeinhin die Befugnis zugestanden, in den nach dem Beihilfeaufsichtsrecht möglichen „Entscheidungen" auch die Verpflichtung des Mitgliedstaates auszusprechen, „die unter Verletzung des Vertrages gewährten Beihilfen zurückzufordern"[32]. Ist eine solche gemeinschaftsrechtliche Rückforderungspflicht festgelegt worden, könnte das die Anwendung der Vertrauensschutzregelungen und der Ermessensermächtigungen des deutschen allgemeinen Verwaltungsrechts ausschlie-

---

[32] Urteil vom 12. Juli 1973 – RS 70/72, Slg. 1973, S. 813 (829); s. auch *Steindorff*, Rückabwicklung unzulässiger Beihilfen nach Gemeinschaftsrecht, ZHR 1988, 474 ff. (479 f.).

ßen. Das wird insbesondere für das formale (Durchführungs-)Verbot des Art. 93 Abs. 3 S. 3 EWGV vertreten[33].

Dem kann indes entgegengehalten werden, daß auch nach der Rechtsprechung des *EuGH*[34] „die rechtstechnischen Voraussetzungen" für die unmittelbare Geltung des Abs. 3 S. 3 sich nach dem internen Recht des jeweiligen Mitgliedstaates bestimmen. Dazu könnten auch die internen Regelungen zählen, wonach die Rückforderung bewilligter und gewährter Subventionen einen Rücknahmebescheid voraussetzt und dieser an bestimmte Vertrauensschutzregelungen bzw. zeitliche Grenzen gebunden ist.

Schließlich muß berücksichtigt werden, daß zu den „Grundsätzen des Gemeinschaftsrechts", denen das deutsche Verwaltungs- und Verwaltungsverfahrensrecht in dieser Hinsicht unterworfen sein könnte, auch der Grundsatz des Vertrauensschutzes gehört, mit dem sich eine unbedingte, kategorische und uneingeschränkte Rücknahme und Rückforderung nicht vertrügen. Das gilt auch in bezug auf das Durchführungsverbot des Art. 93 Abs. 3 S. 3 EWGV, und zwar auch und gerade deshalb, weil es sich um ein „bloß" formales Verbot handelt und der Subventionsempfänger vielfach gar nicht wissen und Einfluß darauf nehmen kann, ob der jeweilige Mitgliedstaat den verfahrensrechtlichen Anforderungen des Art. 93 EWGV entspricht. Ist das im Einzelfall anders, scheidet auch bei grundsätzlicher Geltung des deutschen Vertrauensschutzrechts ein Vertrauensschutz des Subventionsempfängers ohnehin aus: Auf Vertrauensschutz kann sich der Begünstigte nach § 48 Abs. 2 S. 3 Nr. 3 VwVfG in keinem Fall berufen, wenn er die Rechtswidrigkeit des Verwaltungsaktes kannte oder infolge grober Fahrlässigkeit nicht kannte.

---

[33] *Steindorff* (Fn. 32), S. 482 ff.
[34] *EuGH*, Urteil v. 11. Dezember 1973, RS 120/73, Slg. 1973, S. 1471 (1484 f.); w. Nachw. bei *von der Groeben / von Boeckh / Thiesing / Ehlermann*, Kommentar zum EWG-Vertrag, 3. Aufl. 1983, Art. 93, Rdn. 55 m. Fn. 90a und 49.

Der Europäische Gerichtshof als Verfassungsgericht

Von Wassilios Skouris

I. Einleitung

1. Der „Europäische Gerichtshof als Verfassungsgericht" – ist das überhaupt eine Frage? Lohnt es sich, nach Anknüpfungspunkten zwischen der europäischen Gerichtsbarkeit und der nationalen Verfassungsgerichtsbarkeit zu suchen? Welchem Zweck dient der Vergleich und inwiefern würde eine ausgewogene Gegenüberstellung der Ähnlichkeiten und Unterschiede die praktische Rechtsfindung erleichtern? Was für eine Bedeutung kommt der Feststellung zu, der EuGH sei oder sei nicht mit einem Verfassungsgericht vergleichbar?

2. Diese Fragen drängen sich geradezu auf und beweisen, daß das von mir übernommene Thema alles andere als selbstverständlich ist. Hinzu kommt, daß bei einem der Vergleichspole keine einheitliche Konzeption zur Verfügung steht: Es gibt nicht *die* Verfassungsgerichtsbarkeit, die den Verfassungsgerichten zugerechneten Organe – aber auch die ihnen zugewiesenen Aufgaben – sind teilweise zu verschieden, als daß sie eine eigene Gattung bilden und auf dieser Grundlage erlauben könnten, das Verfassungsgericht mittlerer Art und Güte zu bestimmen und dem EuGH gegenüberzustellen[1]. Weiter ist zu bedenken, daß unter den mittlerweile zwölf Mitgliedstaaten der Europäischen Gemeinschaft lediglich fünf eine spezifische, wenn auch nicht gleich ausgebaute Verfassungsgerichtsbarkeit kennen – nach der zeitlichen Reihenfolge der Errichtung ihrer Verfassungsgerichte sind es Deutschland, Italien, Frankreich, Spanien und Portugal[2]. Auf die besondere Rechtslage in Belgien seit der Ein-

---

[1] Vgl. die Merkmale der sog. Gattungsschuld in § 243 Abs. 1 BGB.

[2] Die gesetzlichen Grundlagen sind in dem Teilband II (Dokumentation) des von *Christian Stark* und *Albrecht Weber* herausgegebenen Sammelwerkes „Verfassungsgerichtsbarkeit in Westeuropa", Baden-Baden 1986, enthalten. Das deutsche Bundesverfassungsgericht beruht auf dem Gesetz vom 12. 3. 1951, der italienische Corte costituzionale hat seine Tätigkeit erst 1956 aufgenommen, den fran-

führung eines „Schiedsgerichtshofes" (Cour d'arbitrage) im Jahr 1984 möchte ich hier nicht eingehen[3]. Das Fünfeck Karlsruhe - Rom - Paris - Madrid - Lissabon würde durch die Hinzunahme Luxemburgs zu einem Sechseck anwachsen. Alle Ecken Europas würden wir freilich auf diese Weise nicht erreichen und nicht bewegen. Unter diesen Umständen ist man geneigt, die Frage, ob der EuGH als Verfassungsgericht zu betrachten sei, als eine typisch deutsche Fragestellung zu bezeichnen. Im Hinblick darauf, daß das Bundesverfassungsgericht sich einer unvermindert großen Aufmerksamkeit in Deutschland und anderswo erfreut, liegt es nicht fern, Luxemburg mit Karlsruhe zu messen und den Luxemburger Gerichtshof an dem Glanz der Perle des deutschen Grundgesetzes etwas teilhaben zu lassen.

3. Doch der Schein trügt: Über die Verfassungsqualität des EuGH denken nicht nur deutsche Autoren nach. Das Thema stößt auf allgemeines, auf gesamteuropäisches Interesse und wird von verschiedenen Seiten beleuchtet[4]. Bei der Sichtung der einschlägigen literarischen Äuße-

---

zösischen Conseil constitutionnel gibt es seit 1958, während die Verfassungsgerichtsbarkeit in Spanien 1979 und in Portugal 1982 eingeführt wurde. Zu den einzelnen Ländern vgl. aus jüngerer Zeit die Berichte von *Ernst Benda* (Die Verfassungsgerichtsbarkeit in der Bundesrepublik Deutschland), *Theo Ritterspach* (Die Verfassungsgerichtsbarkeit in Italien), *Francisco Rubio Llorente* (Die Verfassungsgerichtsbarkeit in Spanien), *José Manuel Moreira Cardoso da Costa* (Die Verfassungsgerichtsbarkeit in Portugal) und *Michel Fromont* (Der französische Verfassungsrat), in: Christian Starck / Albrecht Weber (Hrsg.), Verfassungsgerichtsbarkeit in Westeuropa, Teilband I: Berichte, Baden-Baden 1986, S. 121ff., 219ff., 243ff., 279ff. und 309ff., sowie *Louis Favoreu* (The Constitutional Counsil and Parliament in France), *Alessandro Pizzorusso* (Constitutional Review and Legislation in Italy), *Francisco Rubio Llorente* (Constitutional Review and Legislation in Spain) und *Christine Landfried* (Constitutional Review and Legislation in the Federal Republic of Germany), in: Christine Landfried (Ed.), Constitutional Review and Legislation - An International Comparison, Baden-Baden 1988, S. 81ff., 109ff., 127ff. und 147ff.

[3] Dazu *Francis Delpérée*, Die Verfassungsgerichtsbarkeit in Belgien, in Starck / Weber (Fn. 2), S. 343ff.

[4] Vgl. *Wilfried Bernhardt*, Verfassungsprinzipien - Verfassungsgerichtsfunktionen - Verfassungsprozeßrecht im EWG-Vertrag, Berlin 1987; *Léontin-Jean Constantinesco*, Das Recht der Europäischen Gemeinschaft. Das institutionelle Recht, Baden-Baden 1977, S. 840f.; *Louis Favoreu*, Vers une justice constitutionnelle communautaire?, in: Jean-Victor Louis / Denis Waelbroeck, Le Parlement européen dans l'évolution institutionnelle, Bruxelles 1988, S. 233ff.; *Dieter Feger*, Die Normsetzung auf dem Gebiet der Grundrechte in den Europäischen Gemeinschaften - Der Europäische Gerichtshof (EuGH) als Rechtsetzungsorgan, DÖV 1987, 322ff.; *Hans Peter Ipsen*, Europäisches Gemeinschaftsrecht, Tübingen 1972,

rungen fallen indessen zwei Gesichtspunkte auf. Einmal wird nicht überall und eingangs geklärt, welchem konkreten Ziel die jeweilige Untersuchung dient. Man hat zuweilen den Eindruck, die Verfassungsgerichtsbarkeit auf der einen und die europäische Gerichtsbarkeit auf der anderen Seite hätten sich als nicht mehr wegzudenkende Größen derart fest etabliert, daß der Vergleich zwischen ihnen längst fällig sei und ohne Angabe von Gründen erfolgen müsse. Zum anderen ist es ganz überwiegend die Doktrin des Europäischen Gemeinschaftsrechts, die sich dem Problem widmet und die Beziehungen zwischen dem EuGH und den nationalen Verfassungsgerichten aufzuhellen wünscht[5]. Die traditionelle Staatsrechtslehre setzt sich zwar mit der Europäischen Gemeinschaft und deren Rechtsordnung intensiv auseinander: Im Vordergrund stehen aber andere Fragen wie die Auswirkungen des Beitritts auf die Verfassungsordnung, die Stellung und der Rang der Gründungsverträge und des abgeleiteten Gemeinschaftsrechts in der Normenhierarchie, die Grundrechtsbindung der Gemeinschaftsorgane usw.[6].

II. Die verfassungsrechtlichen Zuständigkeiten des EuGH und der Verfassungscharakter der Gründungsverträge

4. Wer die Linie verfolgt, die von der europarechtlichen Literatur eingeschlagen wurde, gelangt rasch zu der Erkenntnis, daß unser Thema

---

S. 370 ff.; *Hans Kutscher*, Über den Gerichtshof der Europäischen Gemeinschaft, EuR 1981, 392 ff.; *Lord Mackenzie Stuart*, The European Communities and the Rule of Law, London 1977, S. 63 f.; *Gert Nicolaysen*, Europäisches Gemeinschaftsrecht, Stuttgart u. a. 1979, S. 65; *Pierre Pescatore*, Die Gemeinschaftsverträge als Verfassungsrecht – ein Kapitel Verfassungsgeschichte in der Perspektive des europäischen Gerichtshofs, systematisch geordnet, in: Europäische Gerichtsbarkeit und nationale Verfassungsgerichtsbarkeit, Festschrift für Hans Kutscher, Baden-Baden 1981, S. 319 ff.; *Jürgen Schwarze* (Hrsg.), Der Europäische Gerichtshof als Verfassungsgericht und Rechtsschutzinstanz, Baden-Baden 1983 (vgl. die Einführung des Herausgebers, S. 11 ff., und den Beitrag von *Hans Peter Ipsen*, „Die Verfassungsrolle des Europäischen Gerichtshofs für die Integration", S. 29 ff.); *Michael Schweitzer / Waldemar Hummer*, Europarecht, Frankfurt 1980, S. 69 ff.; *Terrance Sandalow / Eric Stein*, Courts and Free Markets. Perspectives from the United States and Europe, Volume I, Oxford 1982, S. 9 ff.

[5] Von den in der vorigen Fußnote genannten Autoren stehen auf jeden Fall dem Gemeinschaftsrecht nahe Constantinesco, Ipsen, Mackenzie Stuart, Nicolaysen, Pescatore, Schwarze und Schweitzer / Hummer.

[6] z.B. *Werner von Simson*, Verfassungsmäßige Ordnung und Europäische Integration, in: Ernst Benda / Werner Maihofer / Hans-Jochen Vogel (Hrsg.), Handbuch des Verfassungsrechts, Berlin – New York 1983, S. 59 ff.

hauptsächlich unter zwei Aspekten erörtert wird, die freilich voneinander nicht scharf getrennt werden können. Manche konzentrieren sich auf die Überlegung, welche der zahlreichen Kompetenzen des EuGH auf nationaler Ebene einem Verfassungsgericht zustehen würden, während andere den Schwerpunkt auf die Feststellung legen, ob und inwieweit die Verträge zur Gründung der drei Gemeinschaften Merkmale von Staatsverfassungen aufweisen mit der Folge, daß der Spruchkörper, der sich mit diesen Gründungsverträgen auseinandersetzen und ihnen zur Geltung verschaffen soll, im Rahmen einer solchen Tätigkeit als Verfassungsgericht agiert und fungiert.

5. Die Einteilung der Zuständigkeiten des EuGH und deren Zuordnung einem verfassungsgerichtlichen und einem nichtverfassungsgerichtlichen Bereich werden typischerweise in den Lehrbüchern des Europäischen Gemeinschaftsrechts vorgenommen[7]. Trotz fehlender Einmütigkeit bei der Qualifizierung der einzelnen Verfahren werden normalerweise der Funktion des EuGH als Verfassungsgericht zugerechnet

- die Streitigkeiten zwischen den Gemeinschaftsorganen gemäß Art. 173 Abs. 1 und 175[8],
- die Klagen der Mitgliedstaaten gegen den Rat oder die Kommission wieder nach Art. 173 und 175,
- die Vertragsverletzungsverfahren der Kommission gegen die Mitgliedstaaten bzw. der Mitgliedstaaten gegeneinander (Art. 169 und 170),
- die Gutachten über die Zuständigkeit der Europäischen Gemeinschaft zum Abschluß internationaler Abkommen nach Art. 228,
- und schließlich die Vorabentscheidungsverfahren gemäß Art. 177 über die Auslegung des Vertrags sowie über die Gültigkeit und Auslegung des sekundären Gemeinschaftsrechts.

Zur Vervollständigung und Abrundung sei erwähnt, daß die restlichen Kompetenzen des EuGH den Charakter materieller Verwaltungsstreitigkeiten aufweisen. Das gilt insbesondere für die Nichtigkeits- und Untätigkeitsklagen der Marktbürger[9] nach Art. 173 Abs. 2 und 175 Abs. 3 sowie für die Amtshaftungsklagen nach Art. 178 und 215 Abs. 2. Hierher

---

[7] *Constantinesco* (Fn. 4), S. 841; *Ipsen* (Fn. 4), S. 370ff.; *Schweitzer / Hummer* (Fn. 4), S. 70. Vgl. ferner *Schwarze* (Fn. 4), S. 19ff.

[8] Artikel ohne nähere Angabe sind solche des EWG-Vertrages.

[9] Nach dem einprägsamen Ausdruck von *Hans Peter Ipsen* in seinem Lehrbuch (Fn. 4).

gehören auch die Aufgaben, die der EuGH als Dienst- und Disziplinargericht wahrnimmt und einen erheblichen Teil seiner Spruchtätigkeit ausmachen (Art. 179 und 215 Abs. 3).

6. Diese Zweiteilung der Kompetenzen des EuGH findet eine zusätzliche Stütze in dem neuen Art. 168a. Die Bestimmung wurde durch die Einheitliche Europäische Akte eingeführt und sieht vor, daß dem EuGH ein Gericht beigeordnet werden kann, „das für Entscheidungen über bestimmte Gruppen von Klagen natürlicher oder juristischer Personen im ersten Rechtszuge zuständig ist". Von der Jurisdiktion des kurz vor der Errichtung stehenden Gerichts werden die von den Mitgliedstaaten und den Gemeinschaftsorganen unterbreiteten Rechtssachen[10] sowie die Vorabentscheidungen nach Art. 177 ausdrücklich ausgenommen. Gewissermaßen behält der EuGH die ausschließliche Verantwortung für die wichtigeren Rechtsstreitigkeiten, während die einfacheren Fälle einem anderen Spruchkörper in erster Instanz zugewiesen werden können. Bei näherem Hinsehen ergibt sich, daß die nicht übertragbaren Rechtssachen zu den verfassungsgerichtlichen und die übertragbaren Fälle zu den verwaltungsgerichtlichen Zuständigkeiten des EuGH gehören. Somit darf behauptet werden, daß der Charakter des EuGH als Verfassungsgericht deutlicher zum Vorschein kommen wird, sobald das Gericht nach Art. 168a seine Tätigkeit aufnimmt.

7. Der Grundlagencharakter der Gründungsverträge veranlaßt einige Autoren dazu, eine Verbindung zwischen den Verträgen und den Verfassungen der Mitgliedstaaten herzustellen. Man verweist zunächst auf das umständliche Revisionsverfahren, das die Verträge in die Nähe der Verfassungen bringt[11]. Bekanntlich zeichnen sich die Bestimmungen einer Verfassung dadurch aus, daß sie – verglichen mit sonstigen Rechtsnormen – nur unter erschwerten Bedingungen geändert, ergänzt und aufgehoben werden können. Ähnlich schwere Bedingungen gelten für die Änderung der Gründungsverträge. Die weitreichenden Reformen, die

---

[10] Gemeint sind hauptsächlich die Verfahren gemäß Art. 169 und 170, sowie 173 Abs. 1 und 175 Abs. 1.

[11] Vor allem *Lord Mackenzie Stuart*, The European Communities and the Rule of Law, London 1977, S. 63 und *Pierre Pescatore*, Die Gemeinschaftverträge als Verfassungsrecht – ein Kapitel Verfassungsgeschichte in der Perspektive des europäischen Gerichtshofs, systematisch geordnet, in: Europäische Gerichtsbarkeit und nationale Verfassungsgerichtsbarkeit, Festschrift für Hans Kutscher, Baden-Baden 1981, S. 319 (336).

durch die *Einheitliche Europäische Akte* herbeigeführt wurden, bestätigen die in jeder Beziehung exzeptionelle Natur von Vertragsrevisionen. Weiter sind die Verträge wie die Staatsverfassungen und anders als unterverfassungsrechtliche Normen der Kontrollbefugnis des Richters entzogen. Vielmehr enthalten die Verträge ähnlich wie die Verfassungen Vorschriften, an denen das nationale bzw. das einfache, d.h. der Verfassung untergeordnete, Recht zu messen sind[12]. Ebenso wie der (Verfassungs)Richter die Verfassung als Maßstab zur Überprüfung einfachen Rechts heranziehen muß, dienen die Gründungsverträge dem EuGH als Maßstab für die Kontrolle sowohl des abgeleiteten Gemeinschaftsrechts als auch des nationalen Rechts auf ihre Vertragskonformität. In diesem Zusammenhang könnte man noch bemerken, daß die Verträge inhaltliche Gemeinsamkeiten mit einer Verfassung insoweit aufweisen, als sie eine zumindest staatsähnliche Ordnung einführen mit einer Exekutive, einem Parlament und einem Gerichtshof. Daß das Parlament trotz Aufwertung seiner Stellung durch die Einheitliche Europäische Akte noch keine gesetzgebende Körperschaft ist, soll die Richtigkeit dieser Feststellung im Grundsatz ebensowenig berühren wie die Tatsache, daß die Europäische Gemeinschaft trotz breiter Zuständigkeitsausnutzung und ständiger Zuständigkeitserweiterung begrenzte Aufgaben erfüllen muß[13]. Schließlich ist für die Stellung des EuGH von Bedeutung, daß der EWG-Vertrag nach Absicht seiner Urheber eine echte Rechtsgemeinschaft errichten wollte. Um die Herrschaft des Rechts sowohl im Innenbereich zwischen den mit eigenen Kompetenzen ausgestatteten Organen als auch im Außenbereich zwischen der Gemeinschaft und den Mitgliedstaaten zu gewährleisten, sind wirksame Mittel der Rechtsbändigung und Rechtskontrolle notwendig[14]. In diesem Sinne schwebte bei der Schaffung des EuGH der Gedanke vor, „die Verfassungsstruktur der Gemeinschaft mit einem obersten Gericht zu krönen, das im vollen Sinn des Wortes Verfassungsorgan war, einem Gericht wie der amerikanische Supreme Court in seiner glänzenden Zeit unter dem Chief Justice John Marshall, unter dessen Führung die urkundlich kaum skizzierte Verfas-

---

[12] *Terrance Sandalow / Eric Stein*, Courts and Free Markets. Perspectives from the United States and Europe, Oxford 1982, S. 11ff.

[13] Vgl. nur den Wortlaut der Art. 2, 3, 4 und 235.

[14] Dazu *Hans Peter Ipsen*, Die Verfassungsrolle des Europäischen Gerichtshofs für die Integration, in: Jürgen Schwarze (Hrsg.), Der Europäische Gerichtshof als Verfassungsgericht und Rechtsschutzinstanz, Baden-Baden 1983, S. 29 (30ff.).

sung der Vereinigten Staaten in der Gerichtspraxis Inhalt und Festigkeit gewann" *(Hallstein)*[15]. Es war daher folgerichtig, zum einen in Art. 4 klarzustellen, daß der Gerichtshof als ein den anderen Gemeinschaftsinstitutionen gleichberechtigtes Organ die ihm zugewiesenen Aufgaben wahrzunehmen hat, und zum anderen durch Art. 164 dem Gericht den Auftrag zu erteilen, für die Wahrung des Rechts bei der Auslegung und Anwendung des Vertrags zu sorgen.

III. Merkmale der Verfassungsgerichtsbarkeit

8. Nach Darstellung der Hauptargumente, die von der Doktrin des Gemeinschaftsrechts vorgetragen werden, um die Verfassungsgerichtsqualität des EuGH zu begründen und zu stützen, ist es an der Zeit, das Problem von seiner staatsrechtlichen Seite zu beleuchten: Wie definiert die Staatsrechtslehre die Verfassungsgerichtsbarkeit, wie erfaßt und behandelt sie die vielfältigen, den „Verfassungsgerichten" zugerechneten Organe und welche Mindestvoraussetzungen hat sie im Laufe der Zeit entwickelt, die ein Spruchkörper erfüllen muß, um in der gehobenen Gesellschaft der Verfassungsgerichte aufgenommen zu werden? Die nach wie vor starke Faszination, die von den Verfassungsgerichten aller Art ausgeht, läßt klare Aussagen in dieser Richtung erwarten.

9. An das Problem, wodurch sich die Verfassungsgerichtsbarkeit eigentlich auszeichnet, kann man entweder *institutionell* oder *funktionell* herangehen. Zunächst ist es möglich, die als Verfassungsgerichte, Verfassungs- oder Staatsgerichtshöfe[16] charakterisierten Instanzen zu betrachten, also die Institution „Verfassungsgerichte" in den Vordergrund zu schieben und nach den besonderen Merkmalen dieser Organe zu suchen. Diese Methode stößt allerdings auf wenig Sympathie und wird regelmäßig gemieden. Man zieht vor, die Funktion „Verfassungsgerichtsbarkeit" als Grundlage der diesbezüglichen Untersuchungen zu bestimmen, man fragt mit Vorliebe nach der Position der „Verfassungs-

---

[15] Zitiert nach *Hans Kutscher,* Über den Gerichtshof der Europäischen Gemeinschaft, EuR 1981, 392 (395).
[16] Auch diese Bezeichnungen erfassen nicht alle Organe, die Verfassungsgerichtsbarkeit ausüben (sollen): In Frankreich ist der Conseil constitutionnel (Verfassungsrat) tätig, während in Belgien neuerdings eine Cour d'arbitrage (Schiedsgerichtshof) eingerichtet wurde. Nicht zuletzt die unterschiedlichen Namen sind ein Anzeichen dafür, daß wir es mit verschiedenen Institutionen zu tun haben.

gerichtsbarkeit im Gefüge der Staatsfunktionen"[17]. Gerade für rechtsvergleichende Vorhaben eignet sich die funktionelle Methode in besonderer Weise: Es gibt nämlich auf der Welt nicht viele Rechtsprechungsorgane, die ausschließlich oder ganz überwiegend mit der Entscheidung von Verfassungsstreitigkeiten betraut sind. „Nur-Verfassungsgerichte" sind rar und rechtfertigen kaum Zahl und Umfang der literarischen Äußerungen zur Verfassungsgerichtsbarkeit. Viel weiter kann der Bogen einer vergleichenden Arbeit gespannt werden, wenn man es darauf ankommen läßt, ob in den verschiedenen Ländern Rechtsstreitigkeiten auf der Ebene des Verfassungsrechts entstehen und einer Schlichtung durch unabhängige Richter zugeführt werden[18]. Es leuchtet ein, daß die Anwendung des funktionellen Kriteriums Erfolg verspricht, wenn man den Erfolg an der Zahl der Staaten mißt, die in die rechtsvergleichende Beobachtung einbezogen werden. Die mannigfaltigen, auf komparativer Basis unternommenen Versuche, das Phänomen der Verfassungsgerichtsbarkeit zu erklären, bezeugen dies auf imponierende Art[19].

---

[17] Auf der Staatsrechtslehrertagung 1980 in Innsbruck haben *Karl Korinek, Jörg P. Müller* und *Klaus Schlaich* Referate zum Thema „Die Verfassungsgerichtsbarkeit im Gefüge der Staatsfunktionen" vorgelegt (VVDStRL 39, 1981, S. 7 ff., 53 ff. und 99 ff.).

[18] Unter dieser Voraussetzung darf auch in Griechenland die Frage nach der „Verfassungsgerichtsbarkeit" gestellt werden: Dazu *Prodromos Dagtoglou,* Die Verfassungsgerichtsbarkeit in Griechenland, in: Christian Starck / Albrecht Weber (Hrsg.), Die Verfassungsgerichtsbarkeit in Westeuropa, Teilband I: Berichte, Baden-Baden 1986, S. 363 ff., und *Wassilios Skouris,* Constitutional Disputes and Judicial Review in Greece, in: Christine Landfried (Ed.), Constitutional Review and Legislation – An International Comparison, Baden-Baden 1988, S. 177 ff., sowie (in griechischer Sprache) Die Entscheidung von Verfassungsstreitigkeiten in Griechenland, Die Verfassung 12, 1986, 177 ff.

[19] Als Sammelwerke zur Verfassungsgerichtsbarkeit sind erschienen in zeitlicher Reihenfolge: Die Verfassungsgerichtsbarkeit in der Gegenwart, Beiträge zum ausländischen öffentlichen Recht und Völkerrecht, Band 36, Köln - Berlin 1962; Actualité du contrôle juridictionnel des lois, Bruxelles 1973; Cours constitutionnelles européennes et droits fondamentaux, Paris - Aix-en-Provence 1982; Le contrôle juridictionnel des lois. Effectivité, légitimité et développements récents, Paris - Aix-en-Provence 1986; *Christian Starck / Albrecht Weber* (Hrsg.), Verfassungsgerichtsbarkeit in Westeuropa, 2 Teilbände, Baden-Baden 1986; *Louis Favoreu,* Les Cours constitutionnelles, Paris 1986; *Christine Landfried* (Ed.). Constitutional Review and Legislation. An International Comparison, Baden-Baden 1988. Zu erwähnen ist noch, daß seit 1985 (1987) unter Federführung von Louis Favoreu in Aix-en-Provence ein *Annuaire international de justice constitutionnelle* erscheint.

10. Daß die funktionelle Methode Unsicherheiten hervorzurufen und das Ziel rechtsvergleichender Bemühungen in Frage zu stellen vermag, sollte auf der anderen Seite nicht verkannt werden. Da nicht die Institution der Verfassungsgerichte, sondern die Funktion der Verfassungsgerichtsbarkeit den Ausschlag gibt, können die inhaltlichen Anforderungen an diese Verfassungsgerichtsbarkeit unterschiedlich hoch ausfallen. Dafür gibt es im neueren Schrifttum einen eindrucksvollen Beleg[20]. Am Anfang steht der Hinweis auf die Tatsache, daß man gewöhnlich fünf Hauptgruppen von Verfassungsstreitigkeiten unterscheide. Das seien 1. die Wahlprüfungssachen einschließlich der Mandatsprüfung, 2. die Bund-Länder-Streitigkeiten bzw. die Streitigkeiten zwischen dem Staat und autonomen Körperschaften, 3. die Organstreitigkeiten, 4. die Normenkontrollfälle sowie 5. die Grundrechtsstreitigkeiten. Sodann wird unterstrichen, daß eine einzige dieser Zuständigkeiten ausreiche, um die Existenz von Verfassungsgerichtsbarkeit zu begründen. Wenn jetzt die Anforderungen so niedrig gehalten werden, wächst zwar das Material für eine komparative Auswertung erheblich. In demselben Umfang kann aber der verwertbare Ertrag dieser Auswertung vermindert werden. Darüber hinaus ist nicht ausgeschlossen, unter „Verfassungsgerichtsbarkeit" Erscheinungen zu erfassen, die dies eigentlich nicht verdienen und die systematische Einordnung echter Verfassungsgerichtsbarkeit dementsprechend erschweren.

11. Aber selbst wenn man die Anforderungen höher schraubt, spricht vieles dafür, die Funktion des EuGH als „Verfassungsgerichtsbarkeit" zu bezeichnen. Es reicht vollkommen aus, daran zu erinnern, daß der Zuständigkeitskatalog des Luxemburger Gerichtshofes *die meisten* der vorhin erwähnten Hauptgruppen von Verfassungsstreitigkeiten abdeckt. Mit Ausnahme der spezifischen Grundrechtsstreitigkeiten und der Angelegenheiten der Wahlprüfung ist der EuGH aufgerufen, Konflikte der Gemeinschaftsorgane untereinander, aber auch zwischen der Gemeinschaft und den Mitgliedstaaten zu lösen, sowie Normenkontrolle auszuüben und Norminterpretation vorzunehmen[21]. Auch vom Standpunkt

---

[20] *Louis Favoreu*, Vers une justice constitutionnelle communautaire?, in: Jean-Victor Louis / Denis Waelbroeck, Le Parlement européen dans l'évolution institutionnelle, Bruxelles 1988, S. 233 (235), und *Albrecht Weber*, Generalbericht: Verfassungsgerichtsbarkeit in Westeuropa, in: Christian Starck / Albrecht Weber (Hrsg.), Verfassungsgerichtsbarkeit in Westeuropa, Teilband I: Berichte, Baden-Baden 1986, S. 41 (63).

[21] Vgl. den Katalog der Verfahren unter Rdnr. 5.

der Staatsrechtslehre läßt sich demnach der EuGH ohne große Schwierigkeiten unter die Verfassungsgerichte einordnen und seine Tätigkeit als Verfassungsgerichtsbarkeit bezeichnen.

12. Mit Hilfe ausgewählter Beispiele kann man die Richtigkeit dieser Aussage unter Beweis stellen. Beschränken wir uns auf Kompetenzkonflikte im weitesten Sinn, so klagt die Kommission gegen den Rat und begehrt – ohne Erfolg – Aufhebung des Beschlusses über die Aushandlung und den Abschluß des Übereinkommens über die Arbeit der im internationalen Straßenverkehr beschäftigten Fahrzeugbesatzungen (Rs 22/70)[22]; das Europäische Parlament wendet sich gegen den Rat und rügt mit partiellem Erfolg dessen Untätigkeit bei der Einführung und Festlegung einer gemeinsamen Verkehrspolitik (Rs 13/83)[23]; die Parti écologiste „Les Verts" erhebt Klage gegen das Europäische Parlament und beantragt mit Erfolg die Nichtigerklärung des Beschlusses des Parlamentspräsidiums über die Verteilung von Geldmitteln, die für die Finanzierung der Informationskampagne zur Vorbereitung der Wahl zum Europäischen Parlament bestimmt sind (Rs 294/83)[24]; der Rat geht gegen das Europäische Parlament vor und bestreitet – im Ergebnis zu Recht – die Befugnis des Parlaments, im Haushaltsplan 1986 die nichtobligatorischen Ausgaben zu erhöhen (Rs 34/86)[25]; die Kommission klagt gegen den Rat und stellt in einem noch anhängigen Verfahren den Antrag, aus der Entscheidung des Rates über das *Erasmus*-Programm die als Grundlage neben Art. 128 angegebene Vorschrift des Art. 235 zu eliminieren (Rs 242/87)[26]; schließlich wird in einem weiteren noch rechtshängigen Verfahren zwischen dem Parlament und dem Rat um die Frage gefochten, ob der Rat zu weit gegangen ist, als er das Verfahren für die Ausübung der der Kommission durch die Einheitliche Europäische Akte übertragenen Zuständigkeiten festgelegt hat (Rs 302/87)[27]. Es fällt nicht

---

[22] Urteil vom 31. 3. 1971, Slg. 1971, S. 269 ff.

[23] Urteil vom 22. 5. 1985, Slg. 1985, S. 1513 ff. (Schlußanträge des Generalanwalts Carl Otto Lenz auf S. 1515 ff., Entscheidungsgründe auf S. 1583 ff.).

[24] Urteil vom 23. 4. 1986, Slg. 1986, S. 1339 ff. (Schlußanträge des Generalanwalts G. Federico Mancini auf S. 1341 ff., Entscheidungsgründe auf S. 1358 ff.).

[25] Urteil vom 3. 7. 1986, Slg. 1986, S. 2155 ff. (Schlußanträge des Generalanwalts G. Federico Mancini auf S. 2156 ff., Entscheidungsgründe auf S. 2200 ff.).

[26] Angriffsobjekt ist die Entscheidung 87/327/CEE des Rates. Die Kommission betrachtet als alleinige Entscheidungsgrundlage Art. 128 EWG-Vertrag und möchte die als Kompromißnorm verwendete Vorschrift des Art. 235 (Erfordernis der Einstimmigkeit!) eliminieren.

schwer, alle diese Fälle auf die Ebene des nationalen Verfassungsrechts zu übertragen und sich vorzustellen, daß sie durch ein Verfassungsgericht entschieden werden. Verwendet man die Terminologie des Verfassungsprozeßrechts, so geht es um *klassische Organstreitigkeiten*.

IV. Die Beurteilung der Richter des EuGH

13. Um das Bild der diversen Stellungnahmen zu vervollständigen, sollte noch erörtert werden, wie der EuGH selbst seine Tätigkeit definiert und ob er sich als das Verfassungsgericht der Gemeinschaft ansieht. Eine direkte und amtliche Äußerung des Gerichtshofes wird allerdings kaum zu erwarten sein. Laut Auskunft der Juristischen Datenbank der Gemeinschaft CELEX werden weder in den Entscheidungen noch in den Schlußanträgen der Generalanwälte Vergleiche zwischen dem EuGH und den nationalen Verfassungsgerichten angestellt. Dennoch fehlt es nicht an Selbsteinschätzungen in diesem Bereich. Sie entstammen freilich nicht dem Spruchkörper als solchem, sondern seinen Mitgliedern. Um nur einige Namen zu nennen: Es sind der frühere Präsident *Hans Kutscher*[28], der noch amtierende Präsident *Lord Mackenzie Stuart*[29] und der kürzlich ausgeschiedene Richter *Pierre Pescatore*[30], die einerseits den Luxemburger Gerichtshof deutlich und eindeutig in die Nähe der Verfassungsgerichte und andererseits die Gründungsverträge nicht minder deutlich und nicht minder eindeutig in die Nähe der Staatsverfassungen bringen wollen. Die wichtigsten Sachargumente sind bereits erwähnt worden. Gleichwohl sollte man die Beteiligung der EuGH-Richter an der Diskussion über die Stellung des Gerichtshofes deutlich herausstellen, weil diese Beurteilungen besonders signifikant und zudem geeignet sind, die Auseinandersetzung um die Rechtsnatur des EuGH stärker als andere Stellungnahmen zu beeinflussen.

---

[27] Es geht um die Entscheidung 87/373/CEE des Rates.
[28] Über den Gerichtshof der Europäischen Gemeinschaft, EuR 1981, 392ff.
[29] The European Communities and the Rule of Law, London 1977, S. 63ff.
[30] Die Gemeinschaftsverträge als Verfassungsrecht – ein Kapitel Verfassungsgeschichte in der Perspektive des europäischen Gerichtshofs, systematisch geordnet, in: Europäische Gerichtsbarkeit und nationale Verfassungsgerichtsbarkeit, Festschrift für Hans Kutscher, Baden-Baden 1981, S. 319ff.

V. Der praktische Ertrag

14. Die bisherigen Ausführungen haben vorwiegend die Argumente ins Feld geführt, die benutzt werden, um die Tätigkeit des EuGH als Verfassungsgerichtsbarkeit und das Gericht als Verfassungsgericht zu qualifizieren. Eine ausgewogene Beurteilung setzt aber voraus, daß man auch einen kritischen Blick auf die Institution und die Funktion wirft.

– Ein erster Gesichtspunkt betrifft die Zuständigkeit des EuGH zur Vorabentscheidung über die Auslegung der Verträge sowie über die Gültigkeit und Auslegung von Handlungen der Gemeinschaftsorgane. Das Vorlageverfahren nach Art. 177 EWG-Vertrag zeigt Parallelen zur konkreten Normenkontrolle nach Art. 100 GG auf – wie man überhaupt die Behauptung aufstellen könnte, daß das Instrument der Vorlage zwecks verbindlicher Klärung einer Vorfrage mit der „Verfassungsgerichtsbarkeit" generell und eng zusammenhänge[31]. Zwei Bemerkungen dürfen jedoch nicht unterdrückt werden. Einmal geht die Kompetenz des EuGH gemäß Art. 177 weiter als die eines Verfassungsgerichts, indem neben der Normenkontrolle auch die Norminterpretation Gegenstand der Vorlage sein kann. Um genauer zu sein, muß man hervorheben, daß diese Auslegung sich nicht auf die Gemeinschaftsverfassung (= die Gründungsverträge) beschränkt, sondern auch das abgeleitete Gemeinschaftsrecht und sogar die Einzelmaßnahmen der Gemeinschaftsorgane umfaßt. Denn Art. 177 ruft den EuGH auf, im Wege der Vorabentscheidung über die Gültigkeit und die Auslegung der Handlungen der Organe der Gemeinschaft *generell* zu erkennen. Auf der anderen Seite steht dem EuGH nach Wortlaut und Systematik des Art. 177 höchstens ein Verwerfungs- und Interpretations*privileg*, aber *kein Monopol* zu[32]. Ohne auf Einzelheiten einzugehen, sollte erwähnt werden, daß eine Vorlagepflicht lediglich die von Art. 177 Abs. 3 erfaßten Gerichte trifft, während die Theorie des „acte-clair" eine weitere Einschänkung der Vorlagen herbeigeführt hat[33]. Die Breite der dem EuGH durch Art. 177 Abs. 1 anvertrauten Auf-

---

[31] Vgl. dazu die klärenden Bemerkungen unseres *Jubilars*, Die konkrete Normenkontrolle und sonstige Gerichtsvorlagen, in: Bundesverfassungsgericht und Grundgesetz, Erster Band: Verfassungsgerichtsbarkeit, Tübingen 1976, S. 323 (324 - 326).

[32] Bei *Hans Peter Ipsen*, Europäisches Gemeinschaftsrecht, Tübingen 1972, S. 371, ist hingegen von einem „Interpretationsmonopol" die Rede.

[33] Aus der einschlägigen Rechtsprechung des *EuGH* s. Urteil vom 6. 10. 1982 (Rs 283/81), Slg. 1982, S. 3415 ff., sowie neuerdings Urteil vom 22. 10. 1987 (Rs

gaben hat wohl ihren Preis: Schon aus praktischen Gründen können diese Aufgaben nicht in der ausschließlichen Verantwortung des europäischen Richters stehen.

– Was die Stellung und Bestellung der Richter und Generalanwälte anbelangt, so weist das Verfahren deutliche Ähnlichkeiten mit dem Bestellungsmodus der Mitglieder von Verfassungsgerichten insoweit auf, als Vorschlag und Ernennung durch politische Organe erfolgen. Gemäß Art. 167 sind es die Regierungen der Mitgliedstaaten, die im gegenseitigen Einvernehmen die Richter und Generalanwälte ernennen. Mit dieser Prozedur befindet sich der EuGH in guter Gesellschaft. Während aber die Tendenz bei den Verfassungsgerichten dahin geht, die Richter für einen längeren Zeitraum zu wählen und eine Wiederwahl auszuschließen[34], beträgt die Amtsdauer beim Gerichtshof lediglich 6 Jahre und ist die Wiederernennung ausscheidender Richter und Generalanwälte zulässig (Art. 167 Abs. 4) und üblich. Obwohl es gar keinen Grund gibt, an der Unabhängigkeit der früheren und jetzigen Mitglieder des EuGH zu zweifeln, sollte nicht übersehen werden, daß die Macht der politischen Kreationsorgane im Falle des Gerichtshofes etwas stärker ist.

– Zu behandeln ist schließlich die Frage des Sondervotums. Bekanntlich ist in einer Reihe von Ländern vorgesehen, daß die Verfassungsrichter abweichende Meinungen abgeben können. Wenngleich die Möglichkeit der dissenting opinion nicht in jedem Fall gewährleistet wird, ist die Abgabe und Bekanntgabe von Mindermeinungen mit der Ausübung von Verfassungsgerichtsbarkeit eng oder zumindest enger verflochten als mit der Ausübung sonstiger Rechtsprechung[35]. Für die Bundesrepublik stellt sogar die Einführung des Sondervotums einen einmaligen Bruch im herkömmlichen System der Gerichtsverfassung dar[36]. Dagegen wird das Beratungsgeheimnis beim EuGH unbedingt und streng gewahrt – in der Entscheidung werden weder das Abstimmungsergebnis noch die Namen

---

314/85). In dieser jüngsten Entscheidung geht es um die Vorlagepflicht nationaler Gerichte in Verfahren des vorläufigen Rechtsschutzes.

[34] *Favoreu* (Fn. 20), S. 246ff.; *Weber* (Fn. 20), S. 49ff. und *Alexander von Brünneck*, Constitutional Review and Legislation in Western Democracies, in: Christine Landfried (Ed.), Constitutional Review and Legislation. An International Comparison, Baden-Baden 1988, S. 219 (223ff.).

[35] *Weber* (Fn. 20), S. 106 und *von Brünneck* (Fn. 34), S. 231.

[36] Vgl. § 30 BVerfGG und § 55 der Geschäftsordnung des Bundesverfassungsgerichts.

der dissentierenden Richter angegeben. Wahrscheinlich stößt die Zulassung von Sondervoten auf Bedenken, weil festzustellen wäre, ob der einzelne Richter mehr oder weniger „national" abgestimmt hat. Es wäre aber voreilig, von der internationalen Zusammensetzung des EuGH auf die Nichteinführung der dissenting opinion zu schließen: Immerhin kennt und praktiziert der Europäische Gerichtshof für Menschenrechte das Sondervotum, obwohl auch dort ein ähnliches Ernennungsverfahren besteht und jeder Mitgliedstaat des Europarates einen Richter nach Straßburg schickt[37]. Darüber hinaus haben der Ruf und die Integrität der Generalanwälte nicht darunter gelitten, daß sie selbstverständlich unter ihrem Namen die Schlußanträge einreichen. Die Entscheidung treffen zwar die Richter des EuGH; der Generalanwalt nimmt aber zum anhängigen Verfahren ausführlich und eindeutig Stellung.

15. Einzugehen ist noch auf die schon eingangs gestellte, aber noch nicht beantwortete Frage, ob und inwieweit es sich wirklich lohnt, den EuGH und die europäische Gerichtsbarkeit mit den nationalen Verfassungsgerichten und der Verfassungsgerichtsbarkeit zu vergleichen. Daß Gemeinsamkeiten und Parallelen vorhanden sind, dürfte an Hand der vorausgegangenen Ausführungen sichtbar geworden sein. Ob dies freilich die Mühe der Untersuchung lohnt und das lebhafte Interesse an der Vergleichung rechtfertigt, darf bezweifelt werden. Nun kann man schon als Erfolg verbuchen, daß das Auffinden von Gemeinsamkeiten den Weg dafür öffnet, voneinander zu lernen, Entwicklungen nachzuvollziehen, Erfahrungen auszutauschen, Argumente zu bewerten und eventuell zu übernehmen. Der ausgewogene Vergleich vermag sicherlich die Vergleichsobjekte *näher* zu bringen. Es wäre etwa denkbar, auf Grund der Erfahrungen mit den Verfassungsgerichten den Vorschlag zu unterbreiten, daß die Richter und Generalanwälte des EuGH nur einmal, dafür aber für einen längeren Zeitraum ernannt werden und daß das Sondervotum in Luxemburg eingeführt wird. Doch spielt in der breiten Diskussion um die Verfassungsgerichtsqualität des EuGH dieser eher bescheidene Aspekt eine eher untergeordnete Rolle. Über die Betrachtung des EuGH als Verfassungs*gericht* kommt man zu dessen Bezeichnung als Verfassungs*organ* und von der Eigenschaft als Verfassungsorgan schließt man auf die vom Gerichtshof zu erfüllende Funktion der *Verfassungsge-*

---

[37] Art. 38 - 40 (Zusammensetzung des Gerichtshofes) und 51 Abs. 2 (Sondervotum) der Europäischen Menschenrechtskonvention.

staltung. Der EuGH als „Integrationsfaktor erster Ordnung"[38], das Kontrollorgan, von dem „manches Mal nachhaltigere Integrationswirkungen ausgegangen sind als von den dynamischen Organen"[39], „die Bedeutung von Rechtswahrung und Rechtsprechung bei Erscheinungen der Handlungsunfähigkeit oder -unwilligkeit der politischen Organe"[40] – das sind nur wenige Formulierungen, die das Problem markieren. Es geht also *um die Stellung des Gerichtshofes der Europäischen Gemeinschaften schlechthin* und damit um eine Frage, die viel weiter geht und anders liegt als die Problematik traditioneller Verfassungsgerichtsbarkeit. Man kann den Eindruck gewinnen, daß die allzu große Bereitschaft, den EuGH in die Nähe eines Verfassungsgerichts zu bringen, dem Ziel dient, die integrationsfördernden Initiativen des Gerichts zu rechtfertigen und einer dagegen gerichteten Kritik vorzubeugen. Ohne die imponierenden Leistungen des EuGH zu schmälern, ist hierzu zu sagen, daß der etwaige Versuch, dem EuGH dort Verantwortung zu übertragen, wo die politischen Organe versagen, nicht mit ungeteilter Zustimmung rechnen kann. Die Europäische Gemeinschaft verdankt ihrem Gerichtshof eine ganze Menge. Es darf aber nicht dazu kommen, daß sie ihm ihre Existenz schuldet und ihre Fortentwicklung anvertraut.

---

[38] Formulierung von *Walter Hallstein* (mitgeteilt von *Jürgen Schwarze,* Der Europäische Gerichtshof als Verfassungsgericht und Rechtsschutzinstanz, Baden-Baden 1983, S. 12 Fn. 5).

[39] *Léontin-Jean Constantinesco,* Das Recht der Europäischen Gemeinschaft. Das institutionelle Recht, Baden-Baden 1977, S. 471.

[40] *Hans Peter Ipsen,* Die Verfassungsrolle des Europäischen Gerichtshofs für die Integration, in: Schwarze (Fn. 38), S. 29 (51).

Printed by Libri Plureos GmbH
in Hamburg, Germany